JN430748

연세인이 된 여러분을 진심으로 환영합니다.

"연세이야기" 속의 역사와 윤동주, 한강이 실천한

"연세다움"이 여러분의 길잡이가 될 것입니다.

연세대학교 총장

역사와 교정 속

연세 이야기

역사와 교정 속

연세 이야기

2024년 5월 10일 초판 1쇄 발행
2025년 2월 20일 3쇄 발행

연세대학교 학술문화처 편
발행인 윤동섭
펴낸곳 연세대학교 출판문화원
주소 서울특별시 서대문구 연세로 50
등록 1955년 10월 13일(제9-60호)
전화 02) 2123-3378~80
팩스 02) 2123-8673
전자우편 ysup@yonsei.ac.kr
홈페이지 http://press.yonsei.ac.kr
인쇄 화신문화(주)

ISBN 978-89-6850-857-8 (03910)

값 15,000원

역사와 교정 속

연세 이야기

연세대학교 학술문화처 편

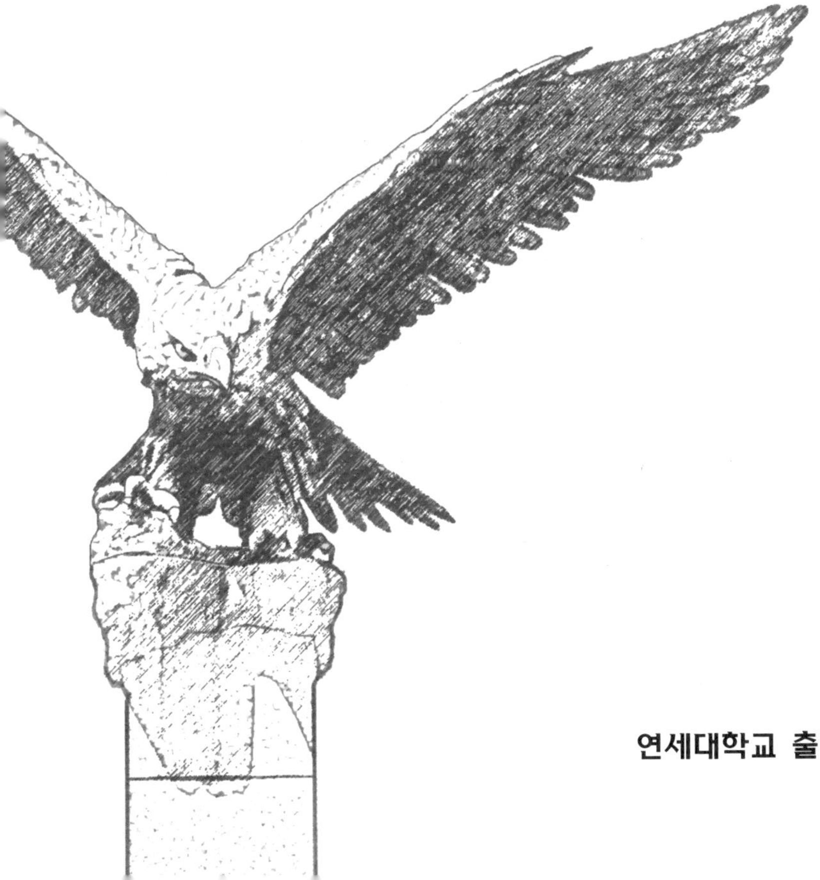

연세대학교 출판문화원

책을 펴내며

'연세다움', 그리고 미래를 여는 창

역사는 하루아침에 만들어지는 것이 아닙니다.

하루하루 소중한 일상이 누적되면서 만들어지는 것이 역사입니다. 바쁜 삶 속에서 우리는 역사의 소중함을 소홀히 하고 있는지도 모릅니다. 그러나 역사 없이 우리는 존재할 수 없습니다. 유명한 역사학자 에드워드 카(E. H. Carr)는 "역사는 과거와 현재의 끊임없는 대화"라 하였습니다. 과거의 역사가 흘러 흘러 현재가 되었고, 현재의 역사가 흘러 흘러 미래가 될 것입니다. 그렇게 역사 속에는 과거, 현재, 미래 모두가 담겨 있습니다.

연세대학교의 시간과 공간은 '역사'를 주제로 한 커다란 테마파크라 할 수 있습니다. 스물여섯 젊은이, 언더우드의 개척 정신은 동서고근(東西古近)의 사상을 화충(和衷)하며 140년 동안 연세의 학풍으로 이어져 내려왔습니다.

정문에 들어서면 연세 정신을 드러내는 교훈석이 잠시 걸음을 멈추게 합니다. 쩡쩡하게 서린 민주주의 함성이 맴도는 백양로가 곧게 뻗어있고, 연희궁터 표지석, 연희전문의 전통이 서린 한글탑, 비상하는 독수리상, 이한열 열사의 얼을 품은 동산, 창립이념으로 연세를 이끈 백낙준 총장 동상, 하늘을 우러러 옷깃을 여미게 하는 윤동주 시비, 항상 연세인을 맞아주는 설립자 언더우드 선교사의 동상, 소나무의 소리에 귀 기울이게 하는 청송대. 우리 연세의 캠퍼스는 살아있는 박물관이자 배움의 터전이 아닐 수 없습니다. 우리 글을 지켜냈으며 민족의 독립과 광복을 일궈냈고 산업화와 민주화, 세계화의 숨 가쁜 역사의 숨결이 살아 숨 쉬는 곳입니다.

우리 연세는 기후변화와 생성형 인공지능이 가져온 대전환의 위기도 반드시 이겨낼 것입니다. 연세의 기독교 정신과 '동서 화충'의 학풍은 격변의 소용돌이 속에서도 우리의 길잡이가 되어 줄 것입니다. 연세는 오래전부터 초학제적 융합연구의 선구자였습니다. 옛것과 새것을 조화롭게 적용한 실용적 학문과 인류사회에 공헌한다는 '연세다움'으로 헌신과 기여, 믿음과 신뢰 그리고 혁신과 개척의 가치를 실천해 나가겠습니다. 새롭게 선보일 학생 자율설계 학기제와 같은 맞춤형 교육체계, 학문의 경계를 허문 초학제적 융합교육으로 통찰력을 지닌 인재를 배출해 미래로 나아갈 것입니다.

미래를 열기 위한 발걸음을 떼면서 우리는 연세의 소중한 역사를 다시 돌아봅니다. 이 책은 미래로 나아가는 길잡이가 될 것입니다. 이미 학교에서 연세인을 위한 몇몇 역사책을 간행한 바 있습니다만, 창립 정신과 연세학풍을 더 드러내고 '연세다움'을 굳건하게 하기 위해 이 책을 준비하였습니다. 교정에서 역사를 더 친밀하고 재미있게 느낄 수 있도록 하였습니다. 이 작업을 김도형 교수께 부탁드렸고, 관련 부서가 있는 학술문화처 남혜현 처장에게 실무를 맡겼습니다. 참여하신 여러 선생님들께 존경과 감사의 말씀을 드립니다.

이 책은 첫 페이지부터 역사와 교정 곳곳을 넘나드는 연세의 이야기를 재미나게 엮어 한 번 잡으면 손에서 놓기가 어려울 정도로 흥미롭게 구성되어 있습니다. 지나간 역사적 순간들이 눈앞에 생생하게 펼쳐집니다. 40만 연세 동문을 비롯한 전 연세인의 필독서가 될 것입니다. 이 책으로 연세의 과거와 현재, 그리고 미래를 만나보실 것입니다. 139년 동안 이어져 내려온 연세 정신과 역사를 계승, 발전시킬 청사진이 될 것이라 확신합니다. 저 또한 연세 역사를 널리 알리고, 그 창을 통하여 새로운 연세 미래를 열어가겠습니다.

2024년 4월

연세대학교 총장

차 례

2

제2부
교정에서 만난 연세 이야기

Section 1 역사 속

연세 이야기

너희가 내 말에
거하면
참 내 제자가
되고
진리를 알찌니
진리가 너희를
자유케 하리라

김충현 쓰다

1

1885년, 연세 교육과 의료의 출발

연세대학교는 1885년 4월 10일, 광혜원(곧 제중원으로 이름이 바뀜)에서 출발하였다. 제중원은 우리나라 최초의 서구식 근대병원이면서 동시에 기독교 선교사들의 선교와 교육 사업의 터전이었다. 의료선교사 알렌(H. N. Allen, 1858~1932, 安連)은 병원을 운영하였고, 개원 직전에 내한한 선교사 언더우드(H. G. Underwood, 1859~1916, 元杜尤)는 교육과 전도 사업을 하였다. 제중원을 터전으로 이루어진 의료와 교육 사업이 오늘날 연세의 시작이었다.

알렌

언더우드

알렌과 언더우드

1880년대에 들면서 조선 정부는 서양 기술을 수용하여 근대화를 추진하였다. 일본과 청 그리고 미국에 시찰단을 파견하여 군사기술은 물론이거니와 의약이나 농업 등 백성들의 삶에 이득이 되는 분야는 배워 시행하고자 하였다. 미국을 시작으로 서양의 여러 나라와 근대 조약을 맺고, 국제사회의 변화에도 대처해 나갔다. 서양과 통교하고 기술을 받아들이면서도 서양 종교는 금지하였다. 내한 선교사들은 선교 활동을 할 수 없었지만, 기술을 가르치는 의사나 교사로 활동이 가능하였다.*

미국은 조미조약 후에 서울에 공사관을 설치하고 공사를 파견하였고, 조선 정부는 이에 대한 '보답'으로 보빙사를 파견하였다(1883). 정사(正使) 민영익, 부사(副使) 홍영식이었다(이 두 사람은 모두 제중원 설립과 연관이 있었다). 이 일행은 뉴욕으로 이동하는 열차 안에서 미국 감리교회의 가우처(J. F. Goucher, 1845~1922) 목사를 만났다. 이를 계기로 가우처 목사는 미 북감리회 해외선교본부에 조선 선교를 위해 2천 불을 기부하였고, 일본에 파견된 매클레이(R. S. Maclay, 1824~1907, 麥利和) 선교사에게 조선 선교의 가능성을 탐색하게 하였다. 매클레이는 서울을 방문하여(1884. 6), 고종으로부터 선교사의 의료 사업과 교육 사업을 허락받았다. 이런 결정을 중간에서 도와준 사람이 갑신정변 주역 김옥균(1851~1894)이었다.

미국 장로회, 감리회 선교본부에서는 각각 조선에 선교사를 선정, 파견하기로 하였다. 미 북장로회는 1884년 4월에 의사 헤론(J. W. Heron, 1856~1890, 蕙論)을 의료선교사로 파견하기로 하였다. 헤론의 출국이 미루어지고 있는 가운데(1885년 6월에 입국) 중국에서 의료선교사로 활동하고 있던 알렌이 조선으로 가겠다고 요청하여 1884년 가을에 기독교 선교사로서는 처음으로 서울에 들어왔다. 알렌은 미국 공사관 의사로 활동하였다.

미 북장로회는 1884년 7월에 언더우드를 선교사로 정하였다. 그는 그해 12월 말 샌프란시스코를 출발하여 1885년 1월 25일에 일본 요코하마에 도착하였다. 두 달 남짓 일본에 머물면서 조선으로 들어

갈 준비를 하였다. 갑신정변으로 일본에 망명해 왔던 서광범으로부터 한국어를 배우고, 한글 성경도 준비하였다. 4월 5일, 언더우드는 감리교 선교사인 아펜젤러(H. G. Appenzeller, 1858~1902, 亞篇薛羅)와 함께 제물포에 도착하였다. 마침 그날은 부활절이었다. 아펜젤러는 "부활하신 주께서 이 나라 백성들이 얽매여 있는 굴레를 끊으사 그들에게 하나님의 자녀가 누리는 빛과 자유를 허락해 주옵소서"라고 기도하였다.

제중원, 조선 정부와 미국 선교회의 합작 병원

1885년 4월 10일, 광혜원이 개원하였다. 이는 그 전해 말에 일어난 갑신정변(1884.12)과 관련이 있었다. 정변이 발발한 날 밤, 민씨 세력의 핵심인 민영익(閔泳翊, 1860~1914, 명성왕후의 조카)이 개화파 세력의 습격으로 큰 부상을 입었다. 민영익을 치료한 사람이 의료선교사 알렌이었다. 그는 전통 한의학으로는 치료하기 어려운 자상(刺傷)을 외과술로 치료하여 민영익을 살려냈다. 서양 의술에 대한 신뢰를 얻게 된 알렌은 병원 개설을 청원하였고, 고종이 이를 받아들여 마침내 광혜원이 만들어졌다.

광혜원은 조선 정부가 추진해 온 근대화 사업과 기독교 선교사업의 합작품이었다. 곧 조선 정부의 재정 지원과 선교사의 의료 기술이 합쳐진 병원으로, 선교사들은 '왕립병원(The Royal Hospital)'이라고도 불렀다. 병원 운영에 관한 제반 사업은 통리교섭통상사무아문과 미국 공사 사이의 외교 관계 속에서 처리되었다.

광혜원은 갑신정변의 주역이었던 홍영식의 재동 집에서 시작하였다. 개원 2주 후에 이름을 제중원으로 고쳤다.

설립 초기의 제중원

선교와 교육 사업의 터, 제중원

언더우드와 아펜젤러가 제물포에 도착하자 미국의 대리 공사 포크(George C. Foulk)는 갑신정변 후의 정국 불안을 이유로 이들에게 일본으로 돌아가기를 권하였다. 이에 아펜젤러는 10일에 일본으로 되돌아갔다. 하지만 언더우드는 4월 5일 저녁에 서울로 들어와 마침 개원을 준비하던 제중원에서 근무하였다.

알렌은 진료하며 운영을 책임졌고, 언더우드가 이를 도왔다. 제중원은 연이어 내한하는 미국 기독교 선교사의 '관문'이 되었다. 선교사들이 도움을 받을 수 있는 곳은 미국 공사관 외에 제중원밖에 없었다. 그들은 제중원에서 한국 선교사업을 경험한 후 전국으로 다시 뻗어갔다.

의료와 의학 교육

제중원은 한국 근대 의료와 의학교육의 산실이었다. 설립 초기부터 조선 정부에서 필요한 의료 인력을 양성하고자 하였지만, 여전히 서양인을 경계 혹은 거부하는 사회의 분위기, 밀려오는 환자에 비해 부족한 의사와 약품 그리고 제중원에서 근무하는 조선 관리의 부정 등의 문제가 있었다. 이런 어려움 속에서 알렌은 한국에 근대의학의 씨앗을 뿌렸다.

1887년 8월, 조선 정부는 미국에 공사관을 설치하기로 하였다. 그러나 정부에는 미국 사정을 잘 아는 사람이 없었다. 정부는 알렌에게 도움을 청하여 그를 박정양이 이끄는 외교사절의 참찬관(參贊官)으로 삼았다. 알렌은 선교사직을 사임하고 조선 정부의 외교관이 되었다가 나시 한국으로 돌아온 후에 주한 미국공사관의 서기관이 되고, 후에는 미국 공사가 되었다.

헤론이 알렌의 뒤를 이었다. 헤론은 뛰어난 의술로 고종의 어의로도 활동하였으나 1890년 이질에 걸려 별세하였다.* 헤론 사후에 제중원의 의료활동은 침체되었다.

* 헤론의 묘는 현재의 양화진 외국인 선교사 묘원에 있는데, 이 때부터 이 묘역이 조성되기 시작하였다.

에비슨(O. R. Avison, 1860~1956, 魚丕信)은 침체된 제중원의 의료 활동과 의학교육을 다시 부흥시켰다. 캐나다 토론토 대학교수였던 그는 1893년 언더우드의 권유를 받고 조선에 선교사로 부임하여 제중원 운영을 맡았다. 에비슨은 제중원을 선교본부 사업으로 완전하게 이관하고 의학교육을 다시 정비하였다. 또한 미국의 부호 세브란스(Louis H. Severance, 1838~1913)의 기부금으로 서울역(당시 '남대문 정거장') 앞에 세브란스기념병원을 현대식으로 건립하였다(이 책 2장).

에비슨이 체계를 잡은 제중원의학교는 대학 수준에 버금가는 의학교육을 행하여 한국 근대 의료체계의 한 축을 담당하게 되었다. 제중원의학교는 1909년 세브란스병원의학교로 개편되었고, 일제하에서는 세브란스의학전문학교로 발전하였다.

고등교육의 꿈이 시작된 제중원에서의 교육 사업

언더우드는 제중원을 기반으로 교육 사업을 추진하였다. 1885년 7월 중순에 학교(Sunday school)를 시작하였다. 그리고 이듬해 제중원의 학교에서 영어, 물리 등을 가르쳤다. 아직 기독교 전도 사업을 활발하게 추진할 수 없었던 상황에서 언더우드는 교육을 통한 선교를 시작하였다.

언더우드가 처음부터 관심을 가진 것은 고아원 사업이었다. 그는 학비를 받고 학교를 운영하기가 어렵다고 생각하고, 학교를 개설하려면 학비는 물론 학생들에게 생활비까지 제공해야 할 것으로 판단하였다. 그는 "서울에 버려진 수많은 고아와 사생아들"을 데려다가 입히고 먹이고 양육하면 기독교의 전도가 용이할 것으로 보았다. 이에 따라 1886년 5월 11일 정동에 고아원을 열었고, '언더우드학당'으로 불렸다.

언더우드학당은 뒤에 운영하는 사람에 따라 구세학당, 예수교학당, 민노아학당 등으로 이름이 몇 번 바뀌었다. 그러다가 1897년 10월, 미 북장로회 해외선교본부의 정책 변화에 따라 전도사업을 우선하면서 운영이 중단되었다. 하지만 고아학당에서 언더우드와 선교사의 교육을 받아 후에 민족지도자가 되는 김규식(金奎植), 안창호(安昌浩)

등이 배출되었다.* 이 학당은 몇 년 후 중등과정을 교육하는 경신학교로 재개교하였다. 경신학교에 개설한 대학부는 조선크리스천칼리지, 연희전문학교의 기반이 되었다. 연세 교육의 뿌리는 1885년 언더우드의 교육에서 시작하였던 것이다.

2013년 11월, 안창호에게 언더우드학당 입학 117년 만에 연세대학교 명예졸업증서를 주었다.

언더우드 고아학당

2

제중원에서 세브란스 병원으로

영국 출신의 캐나다인 에비슨은 토론토 의과대학 교수였다. 그는 언더우드의 강연을 듣고 조선에 의료선교사로 가기로 결심하였다. 1893년 7월 16일 부산에 첫발을 내렸던 그는 파행적으로 운영되던 제중원을 맡아 명실상부한 선교병원으로 발전시켰다. 또한 조선의 의학도를 양성하기 위해 교육체계를 정비하고, 필요한 의학 교과서를 직접 편찬하였으며, 현대식 세브란스병원을 건립하였다.

제중원을 선교병원으로

에비슨은 1893년 11월부터 제중원을 운영하였다. 당시 제중원은 재정, 운영, 의학 교육 등 모든 것이 침체되어 있었다. 의사가 없어서 생긴 환자 감소도 문제였지만, '왕립병원'이라는 명목 아래 운영에 참여한 조선인 관리 때문에 많은 문제가 발생하였다. 에비슨은 병원 운영을 활성화하기 위해 ①약값을 낼 수 없는 사람이라도 진찰을 거절하지 말 것, ②조선말을 배워 환자를 진찰할 것, ③방을 청결히 하고 환자를 많이 수용할 것, ④수술방을 많이 완비하여 모든 종류의 수술을 하도록 할 것 등을 시행하였다.

이렇게 병원 운영을 정비하면서 운영의 관할 문제를 조선 정부와 협의하였다. 그는 선교회에서 독자적으로 제중원을 운영할 방안을 마련하였다. 병원의 운영은 이미 선교회에서 담당하고 있었으므로 사용하고 있던 구리개 병원의 토지, 건물 등을 처리하였다. 1894년 9월 말에 제중원은 명실상부한 선교병원이 되었고, 제중원이라는 이름은 계속 사용하였다.*

여전히 근대서양의료체계가 필요하였던 조선 정부는 제중원을 선교본부로 넘긴 후, 따로 병원(광제원)과 의학교를 세웠다. 이 병원은 후에 대한의원을 거쳐 경성제국대학 부속병원이 되었다.

의학교육과 의학 교과서 편찬

에비슨

에비슨은 의학과 약학을 전공하고 의과대학 교수를 지냈기에 처음부터 의학교육에 대한 열의가 컸다. 의료선교사의 역할은 한시적이므로 조선 사회가 필요로 하는 의료 인력을 위해서는 조선인을 교육하여 양성해야 한다는 강한 신념을 갖고 있었다. 그는 바쁜 진료 활동 중에도 학생들을 모아 의학교육을 시작하였다.

의학교육의 가장 큰 문제는 교재였다. 당시 전혀 생소한 서양의학을 가르치기 위해서는 적절한 교재, 즉 한국어로 된 의학 교재가 필수적이었다. 그래서 그는 직접 의학 교재 제작에 착수하였다. 우선 의학의 기초인 해부학(그레이 지음)을 번역하였다. 그러나 이 번역본은 에비슨이 안식년으로 떠나있는 사이에 불타 없어졌고, 결국 일본에서 나온 해부학 책을 번역하여 사용하였다. 이후 그는 의학의 전 영역에 걸친 한국어 의학 교과서 편찬을 추진하여 기초의학과 임상의학을 망라하는 의학 교과서 출간 작업에 착수하였다. 1905년 약리학 교과서를 필두로 무기화학, 유기화학, 해부학, 병리학, 외과학, 산과학 등 많은 국문 의학 교과서들을 출간하였다.

에비슨이 제중원에서 출판한 의학 교재들은 몇 가지 점에서 주목할 만하다. 제중원에서 필요한 대학 수준의 의학 교재였을 뿐 아니라 유기화학과 무기화학과 같이 의학의 기초가 되는 자연과학 교재도 편찬하여 우리나라 자연과학 발전에도 공헌하였다. 또 이들 교재를 한글 전용으로 만들어 학술 용어 등에서 한글 발전에도 기여하였다.

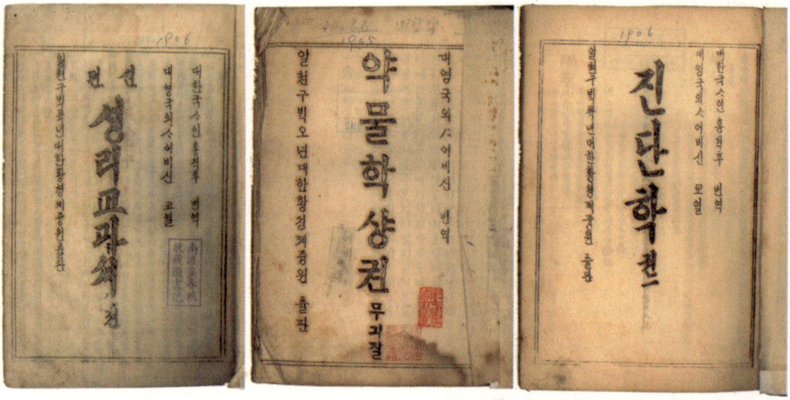

의학 교과서

세브란스 병원 건립

세브란스

의학 교육과 함께 에비슨이 또한 힘을 기울인 것은 규모 있는 병원의 설립이었다. 안식년으로 미국에 간 에비슨은 1900년 4월, 뉴욕 카네기 홀에서 열린 에큐메니컬 선교대회(Ecumenical Conference of Missions)에 참석하였다. 그 자리에서 그는 '의료선교에서의 우의(Comity in Medical Mission)'란 내용을 발표하였다. 에비슨은 교파를 넘어 '하나의 큰 병원을 서울에 세운다면 의료선교 활동의 효과가 훨씬 클 것이다'라고 주장하였다.

에비슨의 발표에 깊은 인상을 받은 세브란스(L. H. Severance)는 따로 에비슨을 만나, 서울의 상황과 병원의 필요성에 대해 대화를 나누었다. 그 자리에서 에비슨은 토론토의 건축가 친구 고든(Henry B. Gordon, 1854~1951)에게 부탁하여 작성한 병원 설계도를 보여주었다. 병원은 40명의 환자가 입원할 수 있는 규모로, 병원 건립에는 1만 달러 정도의 경비가 필요할 것이라고 설명했다. 얼마 후, 세브란스는 북장로회 선교부에 직접 병원 건축 기금으로 1만 달러를 기부했다. 그해 5월 말, 에비슨이 세브란스를 만나 고마움을 표하자 세브란스는 "기부를 받는 당신의 기쁨보다 주는 나의 기쁨이 더 큽니다"라는 말로 화답하였다.

세브란스가 거액의 병원 건립 자금을 기부했지만, 병원 건립까지는 여러 장애물이 있었다. 첫 번째 문제는 한국에서, 특히 평양에서 활동하던 선교사들의 반대였다. 그들은 병원을 너무 크고 호화롭게 지으면 기독교와 교회를 단순히 자선단체로만 간주할 우려가 있다고 하면서 병원 건립에는 5천 달러만 쓰고 나머지 5천 달러는 복음 선교 사업에 쓰자고 주장했다. 뉴욕의 선교부도 평양측 선교사들의 주장에 찬성하였다. 그러나 에비슨과 언더우드를 비롯한 서울측 선교사들은 그 결정의 부당함을 선교본부에 호소하고 이런 사정을 세브란스에게도 알렸다. 이 소식을 들은 세브란스는 선교부를 찾아가 자신은 병원 건립을 위해 기부한 것이지 다른 목적으로 기부한 것은 아니라고 항의하였다. 기증자의 뜻이 이처럼 강하고 또 조선의 사정도 파악하면서 원래대로 1만 달러의 기부금은 전부 병원 건립에 사용할 수 있게 되었다.

다음으로 생긴 문제는 병원부지를 정하는 어려움이었다. 조선 정부의 비협조로 병원 건립이 늦어지는 것을 답답하게 여긴 세브란스는 정부의 협조가 없더라도 일이 신속히 진행될 수 있도록 부지 매입 기금 5천 달러를 추가로 기부하였다.

마침내 1902년 병원 건축이 시작되어 1904년 9월 23일 조선 최초의 현대식 병원인 제중원을 완공하였다. 세브란스의 기부에 의해 세웠기에 세브란스기념병원이라는 이름과 제중원이라는 이름을 한동안 같이 사용하였다. 세브란스병원의 개원식에 기부자 세브란스는 참석하지 못 하였다. 그는 개원 후 3년이 지난 1907년 9월 주치의인 러들로(A. I. Ludlow, 1875~1961, 羅道魯) 박사와 함께 병원을 찾았다.* 아시아 지역의 장로회 선교지부를 돌아보는 여행의 일환이었다. 세브란스는 서울뿐 아니라 중국의 여러 도시에

* 러들로는 후에 세전 외과교수로 부임하였다. 1938년 조각가 김복진은 학교의 의뢰로 러들로 흉판(胸板, 청동)을 제작하였는데, 현재 국가등록문화유산으로 지정되어 있다. 측면 얼굴 모습을 양각으로 표현한 작품이다. 아마도 귀국하는 러들로 박사의 공적을 기념하기 위해 학교에서 제작한 것으로 보인다.

도 학교 건물을 기부했기 때문에, 한국에 오기 전에는 중국에서 그 학교들을 방문하였다. 서울을 방문한 목적은 당연히 신축 병원을 직접 보는 것이었지만 상태를 점검하고 부족한 부분을 채워주기 위한 것도 있었다. 그는 설립된 병원에 만족했지만, 부족한 부분도 보았다. 신축된 새 병원에는 진료를 위한 공간은 있었지만, 의과대학생을 교육하기 위한 공간은 아직 없었다. 세브란스는 이후 3만 달러를 기부하여 1913년에는 학교 교사를 신축할 수 있게 하였다.

신축된 세브란스병원(태극기와 미국 국기가 보인다)

의학 교육의 결실, 의학교 1회 졸업생

1900년 안식년을 마치고 한국으로 돌아온 에비슨은 의학교육을 체계화하였다. 7년제 의학교육 과정, 3년제 약학교육 과정을 마련하였다. 1908년 교육이 적정수준에 이르자 에비슨은 각 과목에서 필수적인 문제 백 개씩을 만들어 시험을 부과하였고, 응시한 7

명의 학생이 모두 합격하여 졸업하였다. 졸업생들은 대한제국 내부 위생국으로부터 의술개업인허장(醫術開業認許狀)을 받았다. 이 의술개업인허장은 우리나라 최초의 의사면허였으며, 1번부터 7번까지 번호가 부여되었다.

1회 졸업생의 수준은 매우 높았다. 캐나다 의학교육 경험을 가진 에비슨은 이렇게 훌륭한 학생들은 처음이라고 말할 정도였다. 그는 7명의 졸업생의 실력을 인정하여 이들에게 의학박사 학위를 주기로 하고 이들은 '박사'로 불렸다. 1회 졸업생 7명 중 6명은 그들의 뜻에 따라 학교에 남아 강의를 도맡아 하면서 의학교의 발전에 두툼한 밑거름이 되었다. 이런 경험 후에 이들은 다시 조선 민족을 위해 새로운 길을 떠났다(이 책 15장).

에비슨과 백정의 만남

선교사들은 신분 차별이 없는 백정교회를 세워 선교하였다. 무어(Samuel F. Moore, 1860~1906, 牟三悅) 선교사는 천민들도 자유로이 출석할 수 있는 곤당골예배당(승동교회)을 세웠다. 어느 날 그는 콜레라에 걸린 백정 박성춘과 그 가족을 치료해 달라고 에비슨에게 부탁하였다. 박성춘은 왕을 치료하는 의사의 방문 치료에 감동하여 기독교도가 되었다. 그는 종로에서 열린 만민공동회에서 연설하기도 하였다.

박성춘은 자기 아들 박서양의 교육을 에비슨에게 부탁하였다. 에비슨은 병원 잡무를 하던 박서양의 성실성을 보고 글공부를 시켰다. 1900년 8월, 제중원의학교에 입학하여 1908년에 졸업하였다.

3

기독교 연합대학을 향한 언더우드와 에비슨의 동역

언더우드는 처음부터 '의과대학이 있는 종합대학' 설립을 꿈꾸었다. 그는 "서울 도성 중앙에 대학을 세우는 것이 이곳 장로회 선교사들의 소망"이라고 하였고 여러 교파가 힘을 합해야 하는 기독교 연합대학이어야 한다고 하였다. 이 대학 설립을 누구보다도 적극적으로 지지하고 도운 동역자는 에비슨이었다. 언더우드의 염원은 언더우드 학당에서 출발하여, 경신학교 대학부, 그리고 조선크리스천칼리지로 발전하였다.

경신학교 대학부 설치

언더우드가 세운 고아학당(구세학당)은 4년 정도 운영이 중단되었지만, 선교회의 노력으로 1901년, 게일(J. S. Gale, 1863~1937, 奇一) 목사를 교장으로 한 '예수교중학교'로 이어졌다. 이 학교는 1905년, 밀러(E. H. Miller, 1873~1966, 密義斗) 목사가 교장으로 취임하면서 경신학교(儆新學校)로 발전하였다.*

> 경신학교의 영어 이름은 "The John D. Wells Academy for Christian Workers"였다. 미 북장로회 해외선교본부 회장을 역임한 웰즈(John D. Wells, 1815~1903)의 유족이 보낸 기부금으로 경신학교 본관(웰즈기념관)을 건립한 데서 비롯되었다.

경신학교에서 물리를 가르치면서 언더우드는 대학 설립을 시작하였다. 1906년 밀러 교장 시절, 대학부(College Department)를 설치하였다. 미 북장로회 한국선교회는 서울 지회의 대학설립안을 승인하였다. 언더우드는 조선교육협회의 회장이 되어 대학 설립을 위한 한국교육기금(Educational Foundation for Korea)을 만들어 모금을 시작하였다.

언더우드는 미국에서 안식년을 보내면서(1906.7~1909.8) 대학 설립을 위한 기금을 조성하였다. 안식년을 마치고 돌아온 이듬해(1910) 언더우드는 경신학교 교장으로 있으면서 대학과를 더욱 확장하였다. 1911년에는 실업에 관한 관념을 일깨우고 고학생(苦學生)들이 학비를 마련할 수 있는 수공부(手工部, Industrial Department)를 설치하였다. 언더우드는 후에 이를 '공과대학'으로 확장할 계획을 가지고 있었다.

기독교 연합대학, 조선크리스천칼리지(Chosen Christian College)

언더우드는 줄곧 감리교 측과 협력하여 '연합(Union)' 형태로 서울에 대학을 만들어야 한다고 주장하였다. 하지만 평양 지역에서 활동하는 북장로회 선교사들은 이를 반대하였다. 1911년 북장로회 한국선교부는 배재와 경신을 연합하여 운영하는 대학과를 승인하였다. 이에 언더우드는 비기독교인까지 수용하는 '초교파적 기독교대학'을 세우고 기독교 교육기관들의 중심이 되어야 한다고 하였다. 평양 지역 선교사와 갈등은 한동안 계속되었다.

세브란스의학교를 맡고 있던 에비슨은 언더우드의 의견에 적극적으로 동의하였다. 감리회 선교사들도 언더우드의 의견에 동의하였다. 에비슨은 '대학'에는 단과대학 학과(college department)를 설치하고 여기에 최초의 전문대학원(professional school)으로 세브란스병원의 의학과를 합해야 한다고 하였다.

그리하여 1911년 9월, 경신, 배재 그리고 개성의 한영서원 졸업생을 근간으로 '대학교설립위원회' 이름으로 '대학부' 학생을 모집하였다. "서울의 남북감리교회와 장로교회의 교육에 직접 관계하는 사람들은 고등교육을 함에 각자 구분하는 것보다 서로 공동으로 하는 것이 좋은 줄 알고", 우선 배재학당 서쪽 편 교실에 임시로 설립한다고 하였다.

언더우드는 1912년 아들 원한경(H. H. Underwood, 1890~1951, 元漢慶)의 뉴욕대학 졸업식에 참석하기 위해 미국으로 건너갔을 때, 대학 설립에 필요한 선교회의 결의와 또 필요 자금 모집에 노력하였다. 언더우드 타자기 회사를 경영하는 자기의 형 존 언더우드(John T. Underwood, 1857~1937)로부터 거액의 지원금을 받았다.*

세브란스병원 건립 기금을 기부한 세브란스와 존 언더우드는 뉴욕 소재 협력이사회를 통하여 연전과 세전을 지원하였다. 두 학교의 모든 재정은 협력이사회가 미국에서 여러 통로를 통하여 모금하여 지급하였고, 심지어 각 선교회의 분담금 등도 협력이사회의 의결, 허가에 따라 서울로 보내졌다. 언더우드의 형인 존 언더우드가 장기간 이사장을 지냈으며, 세브란스가 사망한 후에는 그 아들이 이사로 부친의 활동을 이어갔다.

1913년 2월, 뉴욕에서 열린 합동위원회는 하나의 연합대학(Union College)을 서울에 설립한다고 결정하였다. 이 결정에 따라 언더우드는 에비슨, 쿤즈, 하디, 노블, 벙커 등과 모임을 갖고 대학 설립을 준비하였다. 1914년 3월에 연합대학 설립을 위한 이사회를 조직하고 언더우드가 이사장, 베커(A. L. Becker, 1879~1978, 白雅悳)가 서기를 맡았다. 1914년 4월, 베커 선교사의 관리 아래 배재학교 내에 임시 대학 예과를 설치하였고 북장로회에서도 밀러 선교사의 관리 아래 경신학교 내에 대학과를 설치하였다. 마침내 1915년 4월 12일, 언더우드의 주도로 이 두 기관을 아우른 연합대학으로 '조선크리스천칼리지(Chosen Christian

College, 약칭 C. C. C.)가 설립되었다.* 총독부 당국으로부터는 경신학교 대학부라는 이름으로 인가를 받았다. 아직 독자의 캠퍼스를 가지지 못했고 종로에 있던 YMCA의 일부를 빌려서 수업을 시작하였다.

* 1914년 4월 22일, 미국의 합동위원회(The Joint Committee)는 '대학 정관'을 한국에 보내 검토케 하였는데, 이때 학교 이름은 'Korea Christian College'였다. 그러나 일제와의 관계 때문에 'Korea' 대신 '조선', 그것도 일본식 발음인 'Chosen'으로 한 것으로 보인다.

연희전문학교의 인가

조선크리스천칼리지 개교 때, 교장은 언더우드였고 부교장은 세브란스연합의학교 교장인 에비슨이었다. 하지만 언더우드는 건강이 매우 나빠져 이듬해 신병 치료차 미국에 갔다가 그곳에서 영면하였다(1916. 10. 12). 언더우드가 서거하자 부교장(교장 대리) 에비슨은 다음과 같이 토로하였다.

> 24년간 언더우드 박사와 저는 형제와 같이 지냈습니다. 우리는 서울에서 함께 살면서 서로 아주 친밀하고 지속적인 조화 속에서 사역하였습니다. 저는 (언더우드의 서거로) 완전한 상실감을 느끼며, 그의 따듯한 지원과 동역 없이 제가 이곳에서 계속 사역하는 것을 거의 상상할 수 없습니다(에비슨이 브라운에게 쓴 편지, 1916. 10. 16).

언더우드 사후, 에비슨이 교장, 빌링스(B. W. Billings, 1881~1969, 邊永瑞)가 부교장이 되었다. 조선총독부의 법령에 따른 재단(기독교연합재단)의 설립과 전문학교 인가, 신촌 부지 조성, 그리고 대학 수준의 교과 운영 등은 모두 에비슨 교장을 중심으로 추진되었다. 그리하여 1917년에

언더우드 동상

에비슨 동상

사립으로는 에비슨이 교장으로 있던 연희전문학교와 세브란스의학전문학교 두 학교만 인가를 받았다.

동상으로 학교를 지키다

연세인은 언더우드와 에비슨의 공로를 기억하고 싶어했다. 언더우드가 서거한 지 10년이 되었을 때 연희 교정에 동상을 세우자고 결정하였다. 이때 세전에서도 에비슨 동상을 건립하기로 하였다. 그리하여 1928년에 한 달 간격으로 두 동상이 연전과 세전에 각각 세워졌다. 그러나 두 동상은 일제의 전쟁물자 공출을 이유로 철거되었다. 해방 후 1948년에 언더우드 동상을 세웠으나, 이 또한 6·25전쟁으로 쓰러졌다. 언더우드 동상은 1955년에, 에비슨 동상은 연세 창립 80주년을 기념하여 다시 세웠다(1966). 두 사람의 동역으로 태어난 연세의 미래를 언제까지나 지켜보고 있다.

4

연희전문학교, 조선을 위한 '대학'

일제는 식민 지배에 필요하여 경성제대를 설치하였지만, 한국인에게는 '전문학교' 정도면 충분하다고 생각하였다. 하지만 연전은 대학 수준의 교육으로 조선의 현실을 고쳐나가는데 필요한 전문 지식인을 양성하였다.

연희전문학교, 신촌에 교정을 조성

조선크리스천칼리지(C.C.C.)는 1917년, 총독부의 인가를 받았다. 인가를 받기 위해 학교 이름을 '사립연희전문학교'로 정하였다. 설립한 재단은 '사립연희전문학교 기독교연합재단법인'이었다.* 당시 이사회에서는 '연희'란 명칭이 "학교 교지에 있는 옛 궁궐에서 왔고, '복을 나눈다(Extended Blessings)'라는 의미가 있다"라고 하였다. 영어 교명은 여전히 'Chosen Christian College'였다.

> * 교파를 초월한 '연합'이 연전이나 세전의 학교 설립과 운영의 특색이었다. 처음 개교할 때는 북장로회(서울), 북감리회, 남감리회, 캐나다 장로회가 참여하였고, 후에 평양의 북장로회도 동참하였다. 한국에서 각 교파의 조선연회가 만들어지면서, 참여한 각 교파에서 법인 이사를 파송하였다.

언더우드의 노력으로 기독교계에서 대학 설립을 확정하면서 학교

부지를 물색하고 고양군 연희면 창천리의 현재 캠퍼스 부지를 구입하기 시작하였다. 이 부지는 조선 초 세종이 건립했던 연희궁이 있었던 자리였고 영조의 후궁 영빈 이씨(사도세자의 생모)의 묘소가 있던 대야평(大野坪) 일원, 약 20만 평이었다. 부지 구입에 필요한 자금은 언더우드의 형, 존 언더우드가 기부한 것이었다.

1918년, 종로 YMCA에서 신촌으로 학교를 이전하였다. 1917년에 목조건물 치원관을 먼저 지었고 진입하는 도로를 닦으면서 백양나무를 심었다(현재 백양나무는 없어졌지만, 그 이름은 남았다). 이를 이어 미국의 부호 스팀슨(C. M. Stimson)이 기부한 돈으로 스팀슨관(당시 본관)을 건축하였다. 존 언더우드는 먼저 간 동생 언더우드를 기념하기 위한 언더우드관(현재 본관) 건축비용도 기부하였다. 미국감리교회의 기부로 아펜젤러관도 세웠다.

치원관(신촌 교정 첫 건물, 현, 제2공학관 인근)

대학 수준의 연전

연전은 "본교는 조선교육령에 따른 전문학교에 기초하여 조선인 남자에게 문학, 신학, 농학, 상업학, 수학 및 물리학, 응용화학에 관한 전문교육을 실시하는 것을 목적으로 한다"(학칙 1조)고 하였다. 법령에 따라 '전문교육'이라고 명시하였지만, 실제의 학사제도는 대학 형태로 운영하였다. '학과(department)'는 아래의 인용문과 같이 종합대학 안의 단과대학(college)으로 간주하여 교수와 기금 등을 독자적으로 운영하였다.

> These three departments are practically three Colleges, each with a separate faculty, budget and recitation rooms(이 세 과는 사실상 세 컬리지로서 각자 별도의 교수진과 예산과 교실들이 있다).

학과의 영어 표기도 College로 표기하여 문과는 "The Literary College", 상과는 "The Commercial College", 수물과는 "The Science College"였다(*Report of Chosen Christian College, 1923~24*).

학과에 따라서는 수업 연한을 4년으로 하고 졸업생들에게는 학사 칭호를 수여하였다. 물론 총독부는 이를 인정하지 않았으며 1932년 5월에야 '대학 예과와 동등 이상의 학교'로 지정하여 고등시험 예비시험 면제와 대학 본과 입학 자격을 취득하였다.

조선과 조선인을 위한 교육

언더우드는 대학을 설립하여 기독교 지도자는 물론이거니와 조선 민족에게 영향을 미치는 인재를 양성하고자 하였다. 연전 입학은 '조선인 남자'로 한정하였지만, 80% 정도는 기독교인이었다. 교회에 종사하기보다는 조선 사회에 필요한 인재를 키우기 위한 것이었다.

에비슨 교장도 이런 정신을 이었다. 연전은 교육으로 "조선 민족 봉사(奉仕)를 위하여 준비할 만한 무상(無上)의 기회를 제공"하고자 하였다. 교육은 조선의 학문 발전은 물론, 실용적 학문을 가르쳐 조선 민족의 향상을 위한 지도자를 양성하고자 하였다. 이런 점을 연전의 교육방침으로 천명하였다(1931. 이 책 6장).

이런 교육의 방향은 원한경의 교장 취임사(1934)에도 그대로 표현되었다.

노천극장에서 열린 원한경 교장 취임식(1934)

3만 5천여 권의 장서가 있는 본교 도서관에 동서 문학을 종람하는 청년 제군을 보시겠고, 문과연구실에는 이조 및 고대 서적과 싸우는 이를 보시겠으며, 상과연구실에는 조선 경제 상태

> 의 발전을 위하야 이 문제를 연구하는 이들을 보실 것이오. (…) 한쪽으로는 일반 자연과학을 연구하는 학생들을 보시겠으며, 또 다른 한쪽에서는 조선농촌문제를 연구하는데, 다른 한편에서는 조선가옥제도 개량을 위하야 연구하고 있는 학생 여러분을 보실 것입니다(「대학을 목표로」, 『연희동문회보』 3, 1935).

곧 동서양의 문헌을 공부하여 이를 당시 조선의 현실 문제를 해결할 수 있도록 교육하고자 한 것이었다. 연전은 일반 사람을 교육하여 한국 사회에서 필요한 사람으로 키우는 한편, 이를 위해 교파 연합으로 추진하였다.

한글 강의와 입학시험

조선에 필요한 인재를 키우기 위해 연전은 수준 높은 우리 역사와 말(조선어)을 가르쳤다. 총독부는 공식적 교수 용어로 일본어를 강제하고 있었고, 중등 이하의 수업에서도 조선어 수업 시간을 점차 줄여갔다. 연전에서는 조선 역사를 가르치지 못하자 일본사, 동양사, 조선문학 시간에 역사를 곁들여 가르쳤다. 이를 담당하던 교수는 정인보, 이윤재, 손진태, 이인영 등이었다.

수업으로 조선어를 가르친 일은 특이할 만하다. 1920년대 후반에 백낙준의 묘안으로 희망자에 한하여 조선어를 '과외 과목'으로 개설하고 최현배에게 이를 담당하게 하였다. 그 후 경성제대에서 조선어를 교과목으로 가르치자 이를 빌미로 학칙을 개정(1929)하여 문과 1~3학년에 각 2시간 씩 정식 과목으로 개설하였다. 담당 교수 최현배가 직접 쓰고 학생들이 도와서 만든 유인물이 유일한 교재였다. 이 유인물을 체계 있게 정리한 것이 『우리말본』(1929)이었고, 연희전문학교 출판부의 첫 간행물이었다.*

'연희전문학교 출판부'는 연전의 도서관, 박물관과 마찬가지로 최초의 대학출판부였다. 아래의 문과연구실의 『조선어문연구』도 출판부에서 펴냈는데, 출판을 통하여 연전의 국학 연구에 큰 역할을 담당하였다.

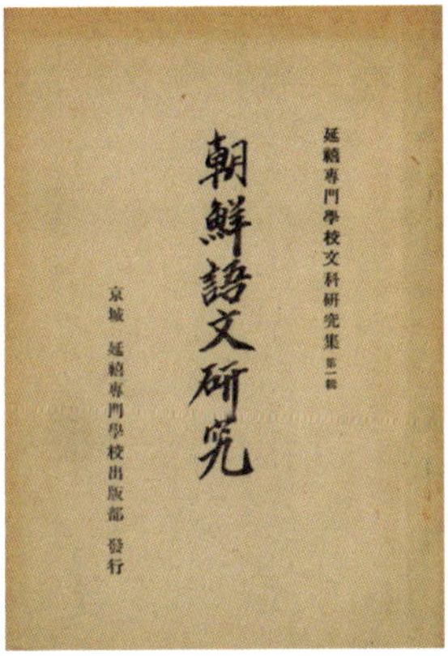

조선어문연구

우리말본

1932년부터는 문과 입학시험에 조선어를 부과하였다. 전문학교 수준에서 입학 시험에 조선어를 치르게 한 것은 처음 있던 '사건'으로, 이를 주관한 최현배는 지원자나 일반인이 이상하게 볼 수 있을 것으로 인정하면서도 "말이란 것은 그 임자된 민족의 문화적 노력의 산물인즉, 이를 충분히 이해하려면 학습의 노력이 필요한 것"이라고 하고, "조선 사람은 제 말에 대한 이해와 사랑과 구사력을 충분히 가지고 있다고 말할 수가 없음은 섭섭한 사실"이라고 하였다.* 그러나 위의 조선어 교육이나 조선어 입학시험은 1930년

한글 철자법이 아직 통일되지 않았으므로, 조선어 시험문제는 주로 낱말의 뜻과 낱말을 사용한 문장 구성, 속담이나 시조 등의 해석, 작문 등이었다. 작문 문제로는 ①전문학교 입학 시험에 조선어 과목이 있음을 보고(1932), ②전문 교육을 받는 조선 청년의 임무를 논하라(1934), ③문학의 필요를 논하라(1935), ④음악의 필요를 논함(1938) 등이었다.

대 후반 일제가 대륙침략 전쟁에 돌입하면서 모두 금지되었다.

학생들의 활동

학생들의 자치 조직인 연희학생청년회는 회지 『연희(延禧)』를 발간하였다. 학생들의 학술연구물, 시와 소설 등을 발표하는 매체가 되었다. 민족과 민중을 위한 학생들의 포부가 펼쳐졌다. 준비를 마친 창간호(1922)의 발행은 3·1운동 등으로 연기되었고, 또 여러 차례 발행 중지, 원고 압수 등을 당하였다.

학생회 발간 교지 '연희'

연전은 각 학과에 연구실을 두었고, 또한 교수와 학생이 같이 참여하는 '연구회'를 각각 두었다. 문과에는 '문과연구실'(1929)을 두고 각종 도서와 참고서를 수집하여 연구에 도움을 주었다. 연전의 한국학 수준을 드높인 『조선어문연구』와 여러 학술서를 발간하였다. 학생들은 '문우회(文友會)'를 만들어 『문우』를 발행(창간 1932)하였다. 오늘날까지 명맥을 이어오고 있다.

상과에는 '상업연구실'이 있었고, 교수 전원과 학생들이 어울려 활동하던 '경제연구회'도 있었다. 상업연구실에서는 1930~35년에 발행된 각종 신문 기사를 스크랩하여 『신문발췌』(47책)를 발간하였다. 경제연구회에서는 『경제연구』라는 잡지를 발간하였다. 경제연구회는 허가 없이 학생 웅변대회, 여운형 초빙 강연회 등을 열어왔던 점을 구실로 총독부의 탄압을 받았다(1938). 부교장 유억겸(兪億兼)을 비롯한 학교가 수색당했고, 이순탁·백남운·노동규 교수는 옥고를 치렀고 많은 학생도 고초를 겪었다(경제연구회 사건).

수학 및 물리학과(수물과, 후에 이과)는 '수리연구회'를 조직하고 『과학』이라는 잡지를 발간하였다. 특히 수물과 조수 이만학(李萬鶴)이 일반 사회에서 필요했던 주제로 연구한 것을 수물과 연구보고서로 간행하였다.*

* 수리연구회(연구부) 보고서로, 1호는 『송충의 폐해』(1930), 2호는 『가정용 잠사기』(1931), 3호는 『온돌 연구』(1935)였다.

이와 같은 교육과 활동을 통하여 많은 학생이 상급 학교로 진학하였다. 미국을 비롯한 일본 등지에 유학생이 많았다. 이들은 이후 한국 학계, 교육계의 중추인물이 되었다.

5

세브란스의학전문학교와 병원, 사랑과 봉사로 세운 근대의학

세브란스연합의학전문학교(Severance Union Medical College, S.U.M.C.)는 기독교 교파 연합으로 학교와 병원을 운영하였다. 세전은 조선인 의사를 양성하여 근대의학 체계를 세웠고, 학생들은 조선 사회를 위해 봉사하는 정신을 정립하였다. 이런 모든 과업은 에비슨이 주도하였다.

세전 인가 당시 교직원(1917)

세브란스의학전문학교의 인가

1908년 6월, 제중원의학교에서 첫 졸업생을 배출하였다. 그 후 「사립학교령」에 따라 세브란스병원의학교(世富蘭偲病院醫學校, Severance Hospital Medical School)로 등록하였다(1909.7). 이 무렵 한국에 와 있던 여러 계통의 기독교 선교회가 의료사업에서의 협력을 위해 한국의료선교사협회(Korea Medical Missionary Association, 1907.9)를 조직하였다. 이 협회는 각 교파에서 매년 일정 기간 선교 의사들을 파견하여 세브란스병원의학교에 사역하는 '연합의학교'를 세울 것을 결의하였다.

이 결의에 따라 1913년 6월, 학교 이름을 세브란스연합의학교(世富蘭偲聯合醫學校, SUMC)로 바꾸었다. 미국 북장로회, 남장로회, 북감리회, 남감리회, 캐나다 장로회, 호주 장로회 등이 연합으로 재정을 지원하고 의사를 파견하여 병원과 학교를 운영하였다. 이 연합의학교를 근간으로 하여 1917년 5월, 총독부의 「전문학교령」에 따라 '사립세브란스연합의학전문학교'로 인가를 받았다. 1922년에는 일제가 새로운 교육령을 반포하자 교육 시설과 교수 자격 등을 보강하여 '세브란스의학전문학교'로 다시 인가를 받았다. 이를 기념하여 이후 5월 15일을 개교기념일로 지켰다.

세브란스병원의 발전

세브란스병원과 학교는 이후 조선에서 가장 유명한 병원이 되었다. 3·1운동 때는 수많은 사상자를 돌보았다. 부상 당한 사람들을 일본 헌병이 잡아가 취조하려 할 때에도 이를 적극 막았다. 이런 사정을 에비슨은 미국 상원에 보고하였고 이 보고서는 상해임시정부의 기관지 『독립』 신문에도 보도되었다.

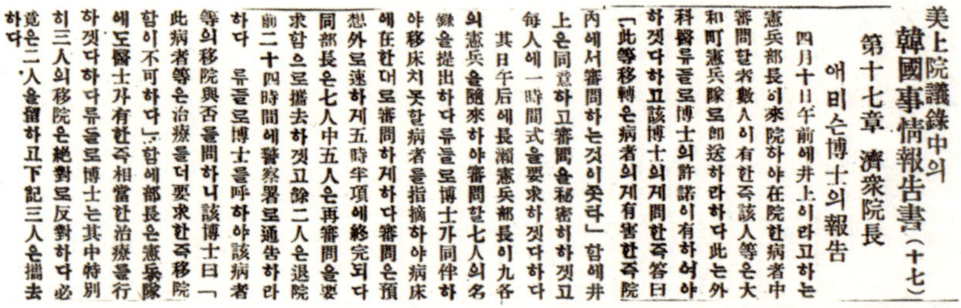

美上院議錄中의
韓國事情報告書(十七)
第十七章 濟衆院長
에비슨博士의報告
四月十日午前에井上이라고하는
憲兵部長이來院하야在院한病者中
審問할者數人이有한즉該人等은大
和町憲兵隊로卽送하라하다此는外
科醫류들로博士의許諾이有하여야
하겟다하고該博士의게問한즉答曰
「此等移轉은病者의게有害한즉院
內에서審問하는것이좃타」함에井
上은同意하고審問을秘密히하겟고
每人에一時間式을要求하겟다하다
其日午后에長瀨憲兵部長이九名
의憲兵을隨來하야審問할七人의名
錄을提出하다류들로博士가同伴하
야移床치못할病者를指摘하야病床
에在한대로審問하게하다審問은預
想外로速하게五時半項에終完되다
同部長은七人中五人은再審問을要
求함으로擋去하겟고餘二人은退院
前二十四時間에警察署로通告하라
하다 류들로博士를呼하야該病者
等의移院與否를問하니該博士曰「
此病者等은治療를더要求한즉移院
함이不可하다」함에部長은憲兵隊
에도醫士가有한즉相當한治療를行
하겟다하다류들로博士는其中特別
히三人의移院은絕對로反對하다必
竟은二人을留하고下記三人은擋去
하다

『독립』신문(상해 임시정부)에 보도된 에비슨 보고

전염병이 퍼질 경우에도 큰 역할을 하였다. 1919~20년 콜레라가 발생했는데, 서울의 유지들이 전염병원을 세우기 위해 '경성부민 사립피병원설립기성회'를 결성하고 모금하였다. 그러나 모금액이 다 채워지지 않고 부지 선정 등도 어렵게 되자 이 사업을 세브란스병원이 이어받아 '경성부민병실'이라는 이름으로 전염병동을 만들었다(1926년 2/3, 나머지는 1929년 완공). 1920년 3월에는 결핵병사도 건립하였다.

1925년 9월, 병원 바로 앞에 서울역사가 준공되면서 지리적으로 서울 중심지에 자리 잡게 되었고 서양식 병원 건물의 위용을 자랑하였다. 그 무렵 1층에는 세브란스 의용품 상회와 약국이 자리 잡았고, 2층에는 외래환자 진료소와 안경점이, 3층에는 행정 부서, 치과, 방사선과, 그리고 외래 진료소의 일부가 있었고, 4층과 5층에는 연구실과 강의실이 있었다. 이 건물은 최대 75명의 환자를 수용할 수 있었지만, 진료 활동이 활발해지면서 항상 공간이 부족하였다. 1924년 세브란스의 아들 존(John L. Severance, 1863~1936)과 딸 프렌티스(Elisabeth Severance Prentiss, 1865~1944) 여사가 10만 달러를 기부하여 그중 5만 달러로 신병실을 만들었다(1928).

한편 1915년 쉐플리(W. J. Scheifly, 1892~1958, 謝富利)가 오면서 세브란스병원 안에 치과가 개설되었다. 이는 한국 최초의 전문치과학교실로서 현대식 치과 건물과 장비를 확충하고 한국인 치과의사의 수련은 물론 한국인의 구강보건 증진을 위한 계몽활동도 전개하였다. 이를 이은 부츠(J. L. Boots, 1894~1983, 富蘇)의 노력으로 미국 치과의학회 회원들의 기부금 2만 원으로 3층의 치과병원을 건립하였다(1931).

간호사 양성도 매우 활발하였다. 1895년 4월에 제이콥슨(A. P. Jacobson, 1868~1897, 雅各善)이 북 장로회 파견의 첫 간호사로 왔고, 이를 이은 쉴즈(E. L. Shields, 1868~1941, 秀日斯)가 1906년 9월에 세브란스병원 간호원양성소(Severance Hospital Training School for Nurses)를 설치하였다. 이 양성 사업에도 기독교의 여러 교파에서 간호선교사를 파견하여 지원하였으며, 세브란스의전이 되자 '세브란스연합의학전문학교 간호부양성소'로 개편되었다. 1924년 9월에 산파간호부양성소로 지정되어 이듬해 졸업자들은 무시험으로 산파와 간호부의 면허를 받게 되었다.

조선인에 의한, 조선인을 위한 학교, 세브란스

서양의학을 토착화시키려는 에비슨의 노력은 단순히 교재편찬에만 국한되지 않았다. 그는 한국의 의학은 결국 한국인들이 책임을 져야 한다는 생각을 가지고 한국의 의학계를 짊어질 동량들을 길러내는 데 최선의 노력을 다하였다. 그는 자신이 교장으로 있던 세전의 졸업생 중 인재를 선발하여 유학을 보내고 이들이 공부를 마치고 귀국하면 모교의 교수로 임명하였다(홍석후, 고명우, 이용설, 최동, 오한영, 김명선, 최명학, 이영준 등). 이러한 정책에 힘입어 세전의 한국인 교수 비율은 점차 높아져 갔고, 외국인 선교사들을 능가하게 되었다.

이런 점은 일제에 의해 운영되던 경성제대나 경성의전의 경우와 뚜렷이 대비된다. 일제는 이들 학교에 마지못해 조선인 학생들을 받아들였지만, 이들을 교수로 채용하는 것에는 강한 거부감을 갖고 있었다. 조선인 교수에 의해 조선인 의사가 길러지는 상황을 피하고자 조선인이 교수가 되는 길도 막았다. 하지만 세브란스에서는 윤일선(尹日善)의 지도로 이영춘(李永春)이 박사학위를 받았는데(1935), 이 또한 경성제대나 경성의전에서는 생각하기 어려운 일이었다.

에비슨은 자신의 후임으로 한국인 오긍선(吳兢善)을 지명하였다. 이런 결정은 다른 선교사들의 반발을 샀지만, 그는 자신들이 시작한 이 모든 사업을 결국 한국인들이 담당해야 한다고 생각하고 그럴 때가 되었다고 믿고 결단을 내렸다.

세브란스의 첫 한국인 교장, 오긍선

오긍선

오긍선은 세브란스 최초의 한국인 교장이었다. 미국에서 의학을 공부하고 남장로회 선교사 자격으로 1913년부터 세브란스의학교에서 근무하였다. 전문학교로 인가받을 즈음, 에비슨은 전문학교 진용을 갖추기 위해 오긍선을 일본 도쿄제대 의학부 피부비뇨기과학 교실에서 다시 공부하게 하였다. 피부과학을 더 연구한 오긍선은 우리나라 피부과의 선구자가 되었다.

세브란스에 돌아와서는 학감으로 학교의 실질적인 운영과 학사를 담당하였다. 이후 부교장이 되었고, 마침내 은퇴한 에비슨 교장의 뒤를 이어 1934년부터 1941년까지 7년간 세브란스의전의 제2대 교장으로 재직하였다.

오긍선 교장 시절, 세브란스는 임상뿐 아니라 교육 및 연구 면에서도 비약적으로 발전하였다. 오긍선은 이미 학감, 부교장 시절에 세브란스를 일본 문부성 지정 전문학교로 인가를 받는 일을 교장 취임 직전에 완수하였다. 취임 후에도 한국인 교수를 양성하는 일에 힘을 기울여 각 주임교수에 한국인이 취임토록 하였으며, 기초학 교실의 교수 보강, 연구시설의 확충, 도서실의 완비 등을 추진하였다. 종래 병원 중심의 세브란스를 의학교육과 연구 방면에도 충실하게 하여 의학교 본래의 모습을 갖추게 하였다.

사랑과 봉사의 실천

세브란스병원은 기독교 정신으로 사랑과 봉사를 실천하는 기관이었고 배출된 의료인 또한 그러하였다. 알렌을 이어 제중원을 맡아 운영하던 헤론은 자기 몸을 돌보지 않고 헌신적인 진료 활동을 하다가 이질에 걸려 순직하였다.

세브란스의 학생들은 자발적으로 사회봉사에 나섰다. 1920년대에 학생회에서 빈민 구제 활동을 하였고, 자선 음악회를 개최한 수입과 성금을 합해 빈민들에게 나누어 주기도 하였으며, 의료혜택을 받지 못하는 지역에 거주하는 사람들에게 의료봉사를 하기도 하였다. 가령 1934년 여름, 남부 지방에 수재민을 돕기 위한 학생봉사대가 활동 하였으며, 학생들의 봉사활동은 만주까지 포괄하였다. 일반인을 위한 '통속의료강좌'도 시행하였다.

세브란스 출신 가운데 봉사와 섬김의 정신을 잘 드러낸 졸업생이 많다. 학교에서 연세 정신을 빛낸 사람으로 선정된 이태준, 현봉학이 그러하며, 의학교 1회 졸업생도 또한 그러하다(이 책 15장). 그 외 이영춘과 김경희 같은 분도 귀감이 되고 있다. 이영춘은 1929년 세브란스를 졸업하고 윤일선의 지도를 받아 학문의 길에 들었다가 전북 군산 개정에 있는 일본인 농장 소작인들을 돌보는 의사로 부임하였다. 농촌 의료문제를 해결하기 위해 노력한 것은 졸업식에서 행한 에비슨 교장의 가르침 때문이라고 하였다. 1943년에 세전을 졸업한 김경희는 해방 후 '상계동 슈바이처'로 불리며 빈민들을 돌보았다. 이런 정신을 이어받은 많은 졸업생들이 의료선교사로 활동하고 있는 것도 우연이 아니다.

6

동서 화충의 연세 학풍을 세우다

'연·세'는 서양 학문을 수용하는 통로였다. 민족 부강은 서양 과학에서 가능하다는 것이 당시의 일반적인 인식이었지만, 연세는 여기에 조선의 고유한 역사적 성과를 결합해야 이를 완수할 수 있다고 하였다. 이런 방침은 창립 당시부터 우리 문화와 민족의 능력을 높게 평가하고, 양자를 결합, 화합하는 방향을 고민한 결론이었다. 마침내 1930년대에 들면서 '동서고근 사상의 화충'을 천명하였다.

동서고근 사상의 화충

연전은 1931년 2월, 「교육방침」으로, 기독교주의와 인격도야, "동서 만근(輓近)의 사상 경향을 참작"한다는 원칙을 세웠다(『연희전문학교개람』). 1932년에 이를 더 가다듬었다.

> 본교는 기독교주의 하에 동서고근 사상의 화충(和衷)으로 문학, 신학, 상업학, 수학, 물리학 및 화학에 관한 전문교육을 실시하며, 종교적 정신을 발양하여 인격의 도야(陶冶)를 기하며, 인격의 도야로부터 독실한 학구적 성취를 도모하되, 학문의 정통(精通)에 수반하여 실용의 능력을 겸비한 인재의 배출함을 그 교육 방침으로 삼음(『연희전문학교상황보고서』, 1932).

요컨대 기독교 이념 아래 인격을 도야하고, 동양과 서양의 사상, 이념을 화충·융합하여 학문적, 실용적 전문인을 양성하고자 한 연세의 학풍과 교육 방침이었다. 이 원칙은 연전에서 정립한 것이지만, 이는 연전과 세전을 세운 창립자, 선교사들이 처음부터 견지하던 것으로, 곧 연세의 학풍이었다.

선교사의 한국 연구

연세의 창립자들은 한국을 이해하고 역사와 문화를 연구하는 데에도 힘을 기울였다. 언더우드는 한국을 사랑하고 한국인의 능력을 신뢰하면서 교육 기관을 만들었다. 그는 한국어 문법을 연구하고 한글의 장점을 깨닫고 이를 연구하면서 성경, 찬송가사, 신문(그리스도신문 등)을 한글로 발간하는가 하면 『한영문법』, 『한영자전』 등을 편찬(원두우, 원한경)하여 서구의 지식을 한국말로 보급할 수 있도록 하였다.

세전은 서양 과학의 핵심이었던 의학, 의술을 통하여 한국의 근대의학 체계를 세웠지만, 서양 교수들은 한국의 전통문화에 관한 수준 높은 연구를 행하였다. 반 버스커크(J. D. Van Buskirk, 1861~1969, 潘福奇)의 *Korea: Land of the Dawn*(아침의 나라 한국)에는 개항 즈음의 한국 역사를 개괄적으로 정리하였다. 부츠(John L. Boots, 1894~1983, 夫蘇)는 조선의 전통 무기류와 갑옷에 대해, 러들로는 도자기에 관한 논문을 썼다.

연전의 외국인 교수들도 한국과 한국문화를 연구한 저서들을 펴냈다. 연전 문과에서 영어로 된 연구 시리즈를 4권 발행하였다. 원한경은 한국과 한국 문학에 관한 목록 정리, 전근대 시기의 한국의 선박, 루퍼스(W. C. Rufus, 1876~1946, 劉芙秀)는 한국 천문학, 케이블(E. M. Cable,

1874~1949, 奇怡富)은 한미 관계에 관한 책을 펴냈다. 그 외 피셔(J. E. Fisher, 1886~1989, 皮時阿), 로즈(H. A. Rhodes, 1875~1965, 魯解理), 케이블, 쿤스(E. W. Koons, 1880~1947, 君芮彬) 등도 한국 문화, 사회에 관한 책이나 논문을 썼다.*

제1집은 원한경(H. H. Underwood)의 *Partial bibliography of occidental works on Korea with a paper on occidental literature on Korea*(1931), 제2집은 원한경, *Korean Boats and Ships*(1934), 제3집은 루퍼스(W. C. Rufus)의 *Korean Astronomy*(1936), 제4집은 케이블(E. M. Cable)의 *United States Korean relations :1866~1871*(1939)이었다. 피셔는 한국 문화의 전통을 인정하고, 당시 동화를 목표로 한 식민정책을 받아들이기 어렵다고 하였으며 선교사의 교육이 한국인의 삶을 향상시키는 것에 유의해야 한다고 하였다(*Democracy and Mission Education in Korea*). 로즈는 『조선그독교회략사』 등을 출판하였고, 케이블은 한국의 범종과 그 명문을 영어로 소개하였고, 쿤스는 봉화에 대해 연구하였다.

KOREA(앞뒤 표지, 1924)

1924~26년, 에비슨 교장은 뉴욕에서 연전, 세전의 발전 기금을 모으기 위해(이 책 9장) 기부자들에게 한국과 연희전문학교를 소개하는 책자, *KOREA*를 발간하였다. 이 책에도 조선에 대한 역사, 문화, 건축 등을 사진과 함께 소개하고, 조선 땅에서 이루어진 기독교 교육과 연희전문을 소개하였다. 한국(조선)인은 '중국인도 아니고, 일본인도 아니다'라는 점을 강조하기도 하였다.

연전 삼보(三寶)와 백낙준의 '한국학' 연구

'동서고근 사상의 화충'을 학풍으로 천명하면서 당시 일제 식민지 아래에서 가장 어려웠던 것은 동양, 곧 우리의 오랜 문화를 연구하고 이를 계승하는 일이었다. 학풍의 원칙이 명확했기에 연전에서는 문과를 설치하고, 민족문화를 연구하는 교수를 고빙하였다. 백낙준의 회고처럼 당시 연전은 "민족주의자의 소굴"이 되었다.

민족문화 연구의 중심은 연전 문과였다. 문과연구실에서는 비록 단 한 차례에 그쳤지만, 교수의 연구논문집 『조선어문연구(朝鮮語文硏究)』를 간행하였다(1931). 과장 백낙준은 우리 선조의 위업이 '더듬을 길조차 묘연'하게 된 것을 통한(痛恨)으로 여기고, 이를 이어받기 위한 작업이라고 하였다. 논문집에는 정인보의 「조선문학원류초본(朝鮮文學源流草本)」과 최현배의 「조선어의 품사분류론」, 「한글의 낱낱의 글자의 쓰히는 번수로서의 차례잡기」 등 논문 3편이 실렸다. 사립이었던 연전에서 조선의 문학과 어학을 연구한 논문집이 발간되자 당시 조선의 식자층은 큰 충격을 받고, "이를 펴낸 연전에 대해 감사해야 한다"라고 하였다.

이런 민족문화를 이끌던 중심적인 사람은 '연전 삼보'로 불리던 정인보, 최현배, 백남운과 이를 뒷받침하고 학사를 운영하던 백낙준이었다.

먼저 교수로 초빙된 사람은 정인보였다(1922). 정인보는 대학의 전 과정을 수학한 적이 없었다. 1913년 상해에서 1년 남짓 체류하면서 신채호(申采浩), 박은식(朴殷植)의 학문을 접했고, 금릉대학에서 단기간 수학한 정도였다. 귀국 후에도 정인보는 가학(家學)과 강화도에서 계승되던 양명학을 이어간 한학자였다. 그는 교수로 부임한 이후 조선 문학, 철학 등을 강의하면서 역사학을 저술하였다. 특히 신채호의 역사학에 영향을 받아 우리 민족의 역사를 '얼'의 성쇠에 따라 저술한 「5천 년간 조선의 얼」이라는 명저를 남겼다.

교토대학(京都大學)을 졸업한 최현배(1926년 부임)는 교육학이 전공이었지만, 1910년대 초반, 주시경으로부터 우리 말글을 배웠다. 따라서 교육학, 철학을 가르쳤지만, 『우리말본』, 『시골말 캐기 잡책』, 『한글갈』 등 한글을 연구하고 한글 운동을 주도하였다.

상과 교수 백남운(1925년 부임)도 민족문화 연구에 힘을 더하였다. 동경상과대학에서 조선경제사를 공부하였다. 그는 특이하게 유물사관에 입각하여 고대 시기, 고려 시기의 사회 경제사 관련 저술을 간행하였다. 연전 학풍이 이념적으로 자유로웠기에, 이념을 초월하여 조선 문화와 역사를 연구하는 데 방향을 같이 하였다. 특히 백남운은 정인보와 매우 친밀하여 경제사 연구에 필요한 고문헌 수집에 도움을 받았다.

문과 과장 백낙준(1927년 부임)은 민족문화 연구의 기틀을 세웠다. 그는 프린스턴대학에서 역사학(문학 석사)을, 예일대학에서 한국개신교 역사를 주제로 박사학위를 받았다. 연전에서는 주로 성경을 가르쳤지만, 동서양 고전과 역사학에 대한 깊은 안목으로 연전의 '국학' 전통을 세웠다. 그는 "내가 문과 과장으로 있으면서 실학 내지는 국학을 진흥시켜야겠다고 느끼고 그런 방향으로 애쓴 것은 정인보 님의 깨우침과 협력이 있었기 때문"이라고 회고하였다. 앞서 본 바, 연전의 한글(조선어) 수업도 시행하였다.

위의 네 명 외 강사로 나오던 이윤재(李允宰)는 역사와 한글을, 손진태(孫晉泰)는 민속학과 동양사를 가르쳤다. 국학 관련 교수들은 서로의 학문적 분위기는 달랐지만, 민족적 자세를 공유하면서 기독교 학교의 울타리 속에서 비교적 자유롭게 학문을 연구하고 각별한 친분을 유지하였다. '동서 화충의 학풍'의 분위기였다.

서양의 근대 인문, 사회과학

동서 화충의 학풍 속에서 서양의 근대학문이 수용되고 확립된 곳이 연세였다. 세전의 의학은 다른 곳에서 언급하였지만(이 책 5장), 연전에서는 사회과학과 자연과학이 꽃을 피웠다.

문과에는 선교사 교수들이 서양의 신학문을 가르쳤다. 원한경(사회학, 심리학, 교육학)을 비롯하여 빌링스의 종교학, 역사학, 피셔의 민주주의 제도, 교육학, 로즈(H. A. Rhodes)의 신학 등이 그러하였다. 이들의 강의는 영어가 주로 사용되었다. 또한 미국이나 일본에서 박사학위를 받은 교수들(백낙준, 이관용, 최현배, 하경덕, 이묘묵 등)도 역사학, 철학, 교육학, 사회학 등 최신의 서양 학문을 가르쳤다.

상과에서는 근대경제학을 체계적으로 교육하였다. 당시 산업을 통한 민족의 부강이 지향되었던 점에서 그 이론이 된 서양의 학문이 필요하였고, 이에 전근대 시절 말업(末業)이었던 상업을 고등교육 기관에서 연구하고 가르쳤던 것이다. 초창기에는 브라운 대학 출신의 백상규가 기틀을 닦았고 그 후에 유억겸이 중심적인 역할을 하였다. 사회주의 성향의 이순탁, 백남운이 부임하였고, 미국에서 공부한 홍승국, 조병옥(후에 내무부장관, 대통령 후보), 최순주(제2대 재무부장관), 일본에서 공부한 김도연(제1대 재무부장관, 제헌국회 의원) 등도 교수로 합류하였다. 상과는 이념의 좌우를 융합하고 넘어서서 한국의 근대경제학을 연구하는 산실이었던 것이다.

상과 교육도 이론과 실제를 겸비하였다. 상학의 기본이 되는 민법, 형법, 상법, 어음법 등의 제반 법 과목을 비롯하여 이론적 기초가 되는 경제원론, 재정학, 통계학, 회계학 등은 물론, 은행론, 보험론, 화폐론, 외환론 등 상학에서 다루어지는 모든 분야가 망라되어 있었다. 동시에 실제 경제 현장에서 바로 활용할 수 있는 상업부기, 회사부기, 은행부기, 심지어 타자 과목 등과 같은 실용적인 과목까지도 가르쳤다. 특히 최순주는 상업지리, 상업부기, 판매원 교육 같은 과목도 가르쳤다.

조선의 자연과학 산실, 수물과

자연과학과 기술의 발전은 근대화의 핵심이었다. 한말, 일제 시기 한국에서도 부강과 근대화를 위해 과학 지식을 강조하였다. 연전 수물과(數物科, 후에 이과)는 서양의 근대 과학을 직접 배웠다. 알제 시기 조선인이 중심이 된 자연과학을 연구하고 교육하던 곳은 연희전문 밖에 없었다. 이런 민족적, 사회적 요구 속에서 수물과는 1915년 조선크리스천칼리지 개교 때부터 설치되었으며, 1923년 3월, 조선총독부의 「조선교육령」 개정으로 한때 폐쇄되기도 하였지만, 1924년에 곧 재설치되어 그 전통을 이어갔다.

수물과는 아펜젤러관(Appenzeller Science Hall, 이학관)에 있었다. 당시 건물 1층은 화학실험실로, 2층은 물리실험실로 이용되었고 3층은 과학관이었다. 실험기기의 대부분은 뉴욕 브루클린의 맥켄지(A. C. McKenzie)

의 기부로 마련되었다. 베커 교수는 직접 1만 불을 갖고 일본 교토에 있는 시마쯔(島津)과학기기제작소에 가서 실험기기를 구입하여 미국 대학 수준의 실험시설을 갖추었다. 언더우드관 옥상에는 굴절망원경이 설치되어 있었는데, 당시 국내에서 최초로 학생들의 천문학 교육에 사용하였다.

수물과에는 미국에서 과학을 전공한 선교사들이 있었다. 물리학의 베커와 화학을 전공한 밀러, 천문학 전공의 루퍼스가 그들이었다. 그 후 일본에서 공부한 한국인 교수와 이춘호(수학), 이원철(천문학), 김봉집(물리, 전기공학), 최규남(물리), 장기원(수학), 유한상(화학) 등 서양인 교수에 의해 양성된 한국인 학자들이 교수로 활동하였다.

이춘호(1924년 부임)는 1914년에 개성에 있는 한영서원(韓英書院)을 졸업하고 미국에 유학하여 오하이오 주립대학교에서 한국인으로는 처음으로 수학 석사학위를 받았다. 연희전문 교수 시절 1938년 흥업구락부 사건으로 검거되어 해임되었다.

이원철은 수물과 1회 졸업생으로, 1926년 미시간 대학에서 박사학위를 마쳤다. 한국인 최초의 이학박사였다. 그의 박사학위는 "독수리자리 에타성의 대기운동"으로 그가 발견한 독수리좌의 별 이름을 그의 이름을 따 '원철성'이라고 할 정도로 세계적인 학자로 성장하였다. 연희전문에 취임한 후에는 수학, 물리학, 천문학 등의 강의를 담당하였다.

이원철

최규남은 개성 한영서원과 송도고보를 거쳐 1922년 연전 수물과에 입학하였다. 졸업 후 미국으로 건너가 미시간대학에서 박사학위를 받았는데, 이는 한국 최초의 물리학 전공의 이학박사였다. 연전 교수로 부임(1933)하여 일반물리, 해석역학, 대수학을 강의하여 새로운 물리학을 이 땅에 도입하였다.

장기원은 1921년에 수물과에 입학하였고, 졸업 후 일본 도호쿠(東北)제국대학 수학과에서 수학하였다. 1930년부터 연전에서 해석기하를 강의하였고 1939년에 연희전문학교 교수로 취임하였다.

연전의 교육이 학문과 더불어 실용 교육도 행하였던 점에서 수물과는 자연과학을 본위로 하면서도 현실에 필요한 공학 교육도 행하였다. 1915년에 응용화학과를 설치하였고(1923년 폐지), 베커 교수가 중심이 되어 공학교육을 행하였다. 기계제도, 측량, 전기공학, 공장기계 등과 같은 과목이 개설되었다.

1930년대 들어서는 이런 응용, 실용적 교육이 더 강화되었다. 학생들은 자연과학 관련 필수과목을 이수한 뒤 3, 4학년에 가면 순수분야인 A그룹, 응용분야인 B그룹 중 하나의 그룹을 택해 선택과목을 수강하게 하였다. 1940년에 수물과는 이과(理科)로 개편되었는데, 이과를 다시 이론부와 응용부로 나누었다. 1942년에는 4년 교육과정을 3년제로 단축하면서 이과를 수학 및 물리, 응용화학, 건축공학의 세 전공과정으로 나누어 심화 교육이 가능하도록 하였다.

조선문화와 자연과학의 화충

서양의 근대과학을 연구하면서도 조선의 역사적 성과를 연구하였다. 위에서 본 바 있는 루퍼스는 1907년 평양 숭실학교 교사로 있을 때부터 천문학 유적을 답사하고 한국의 옛 천문학을 연구하였다. 그 첫 결과로 1913년에 조선 태조의 석각천문도인 「천상열차분야지도」를 분석한 논문을 발표하였고, 1915년에 이 내용을 정리하여 미국 천문학 전문지에 게재하여 한국 천문학을 처음으로 세계에 알렸다. 연전이 개교하자 1917년 수물과 교수가 되어 천문학과 수학을 강의하였다. 2년 재직하다가 다시 미국으로 돌아가 미시간대학교 천문학 교수 및 천문대장으로 있었는데, 연전 제1회 졸업생 이원철의 학위 논문을 지도하였다. 1935년 안식년 때 연전 수물과에서 천문학을 강의하면서 문과 발간 도서 시리즈의 하나로 *Korean Astronomy*(1936, 『한국천문학』)를 간행하였다.

장기원은 한국의 고대 수학에 관심을 가져 당나라 산경(算經)에 나오는 구사(九司), 삼개(三開), 육장(六章)이 일본 고유의 것이라는 주장에 대해 『삼국사기』의 기록에 의거하여 일본 학자와 논전을 벌이기도 했다.

연전 문과 출신의 홍이섭은 『조선과학사』를 펴냈다. 1942년에 『조광』 잡지에 연재하였고, 이를 재구성하여 1944년에 책으로 간행한 것이다. 조선 과학의 역사적 발전을 정리한 책으로 시대적 발전이나 역사 인식 등은 연전 시절의 스승이었던 정인보의 영향 아래 백남운의 사회경제사를 융합하였고, 특히 연전 시절 경험했던 수물과의 자연과학에 영향을 받았음을 밝히고 있다.

학풍의 사회적 실현 : 조선학운동과 한글 보급 운동, 조선문화 운동

연전의 '국학' 연구는 당시 문화운동과 맥을 같이 하였다. 1920년대 말에서 1930년대 중반의 시기에 민족문화 운동이 전개되면서 한글 보급 운동과 문맹 퇴치, 위인(이순신, 단군, 권율 등)선양 운동과 유적지 보존 운동 그리고 1934~35년에는 다산 정약용(丁若鏞)과 실학 연구가 일어났다. 이런 운동에 연전의 국학자들이 적극적으로 참여하였다.

정인보는 조선학의 핵심을 조선 후기의 실학에서 찾았고, 특히 정약용의 학문을 새롭게 평가하였다(조선학운동). 이 운동에는 연전의 백낙준과 백남운도 동참하였다. 이윤재는 이순신 전기를 간행하였고, 이은상(중퇴)도 관련 글을 집필하고 시조 운동을 전개하였다. 최현배, 이윤재, 김윤경(金允經), 장지영(張志暎) 등은 한글 철자법과 조선어사전 편찬 사업에 참여하였다. 사전 편찬을 위한 맞춤법 통일안, 표준말 사정, 외래어 표기는 최현배의 말본론을 이론적 근거로 삼았다. '조선어학회사건'(1942)으로 많은 연세인이 투옥되었고, 이윤재는 감옥에서 순국하였다.

1935년 전후, 조선학 운동이 조선의 지식, 문화계를 주도하면서 새로운 학술, 문화운동이 일어났다. 동아일보는 1936년 신년 특집으로 '문화 조선'을 구축하기 위해 각 분야의 구상을 「문화조선의 다각적 건축」이라는 특집으로 꾸몄다. 내일의 조선 문화, 민족문화의 완성을 위해서 여러 분야에서 이를 수행해야 하고, 특히 학술적으로 근대학문으로 정립하기 위해서 '기관'이 필요하다는 취지였다. 각 분야의 연구소, 도서관, 박물관 등의 기관을 세우고, 이를 다시 통합하는 학술기관을 조직하자는 방향으로 의견이 모아지고 있었다. 이 가운데 가장 획기적인 방안을 제기한 사람은 백남운과 백낙준이었다.

상과 교수 백남운은 학술기간 부대의 양성을 위해서 '중앙아카데미' 창설을 주장하였다. 각 학술단체를 통괄하는 중앙 기관을 만들고 조선 문화 발전을 위해서는 사립전문학교의 연구실, 민간 신문사 등의 역할을 강조하였다. 또한 문과 교수 백낙준은 조선 문화를 연구하기 위해서는 '학술 조선'의 총본영이 되는 "조선문고(朝鮮文庫)"를 세우자고 주장하였다. 그 외도 여러 제안자 가운데 이묘묵(도서관장)은 종합도서관 설립, 이춘호는 이화학(理化學)연구소 설립, 유억겸(조선체육회)은 조선체육연맹 조직, 오긍선(세전)은 학자 아파트 건립, 현제명(음악가협회)은 종합예술학원 설립 등을 제안하였다.

7

민족의 아픔을 함께 헤쳐간 연세

일제 식민지 아래, 연세는 언제나 민족의 아픔과 함께하며 민족운동에 동참하였다. 대한제국 시기부터 일제하에서 민족 문제를 학문적으로 정립하고 '국학'의 요람이 되었던 연세 학풍의 결과이기도 하였다.

대한제국 군대 해산과 제중원

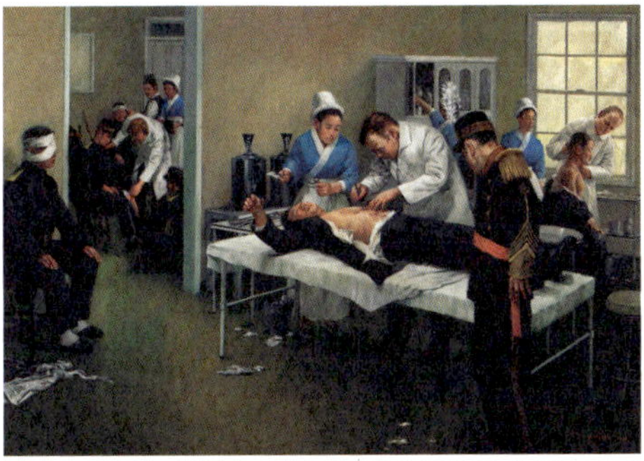

세브란스의 대한제국군 치료(1907), 기록화(김건배作, 2017)

1907년 8월, 일제는 대한제국을 식민지로 만들면서 강제로 군대를 해산시켰다. 이를 반대하는 시위대 제1연대 대대장 박승환이 자결하였고, 이에 자극을 받은 군인들이 서소문, 남대문 일원에서 일본군을 상대로 시가전을 벌였다. 치열한 전투에서 많은 사상자가 나왔다. 이때 에비슨을 비롯한 서양 선교사들은 전투 현장에 들어가 사망자를 수습하고 부상자를 인근의 제중원으로 옮겨 치료하였다. 부상자 치료에는 제중원의 간호사 등이 큰 역할을 하였다. 이런 현장을 목도했던 제중원(세브란스)의학교의 첫 졸업생들은 민족의 현실을 의료사업과 결합하였고 민족운동에 헌신하였다.

3·1운동과 연세

제1차 세계대전이 끝난 후, 세계적으로 민족자결주의, 정의, 인도주의가 풍미하였다. 우리 민족의 독립에 대한 염원은 3·1운동으로 터져 나왔다. 당연히 연세인들도 이 운동에 참여하였다. 이갑성(세브란스병원)은 민족 대표 33인의 한 사람으로서 연세 학생들을 만세 시위에 참여시켰다. 그는 2월 중순에 두 차례, 음악회 개최 명목으로 관련자를 자기 집에 모아 학교별로 활동 책임자를 정하였다. 세전에서는 김문진과 이용설이, 연전에서는 김원벽이 그 역할을 하였다. 이들의 활동으로 많은 연전, 세전 학생들이 참여하였다.

비밀리에 인쇄된 독립선언서는 이갑성을 통하여 이용설 등의 학생들에게 전달되고, 학생들은 3월 1일 오후 2시 탑골공원에 집결하였다. 독립선언서를 낭독할 민족 대표들이 오지 않자 경신학교 출신 정재용이 선언서를 낭독하였고, '대한독립 만세' 소리가 온 시내에서 터져 나왔다. 일본 경찰의 탄압에도 신촌의 연전 부근에서는 밤늦게까지 학생 200여 명이 시위하였다.

3월 5일, 서울역 광장에서의 학생 시위는 연희전문의 김원벽과 보성전문의 강기덕이 주도하였다. 시위로 많은 연전, 세전 학생들이 구속되었다. 김상덕(문과 1), 하태흥(상과 1) 등 6명은 6개월에서 12년의 징역형을 선고받았으며, 1명은 사망하였고, 5명은 집행유예 3년, 2명은 미결수의 처분을 받았다.

한편, 3·1운동에 대한 일제의 탄압은 무자비하였다. 만세 시위와 탄압 소식을 해외에 전한 사람도 연세인이었다. 세브란스의 스코필드(F. W. Schofield, 1899~1970, 石虎弼)와 연전의 원한경이었다. 또 만세 시위 과정에서 많은 조선인 사상자가 발생하였는데, 세브란스병원에서는 이런 부상자를 적극적으로 치료하였다. 일본 헌병이 중상자를 데려가 취조하려고 하면 이를 의사들이 막아섰다. 에비슨은 부상자 현황을 미국에 알렸다. 상해판 『독립』 신문이나 박은식의 『한국독립운동지혈사』에도 이런 사실들이 수록되었다.

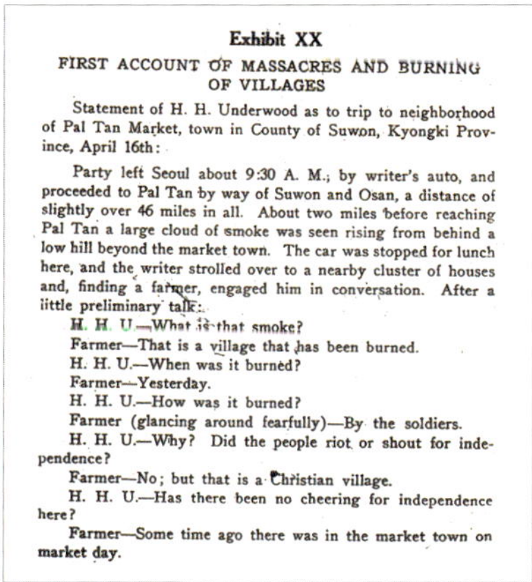

Exhibit XX

FIRST ACCOUNT OF MASSACRES AND BURNING OF VILLAGES

Statement of H. H. Underwood as to trip to neighborhood of Pal Tan Market, town in County of Suwon, Kyongki Province, April 16th:

Party left Seoul about 9:30 A. M.; by writer's auto, and proceeded to Pal Tan by way of Suwon and Osan, a distance of slightly over 46 miles in all. About two miles before reaching Pal Tan a large cloud of smoke was seen rising from behind a low hill beyond the market town. The car was stopped for lunch here, and the writer strolled over to a nearby cluster of houses and, finding a farmer, engaged him in conversation. After a little preliminary talk:

H. H. U.—What is that smoke?
Farmer—That is a village that has been burned.
H. H. U.—When was it burned?
Farmer—Yesterday.
H. H. U.—How was it burned?
Farmer (glancing around fearfully)—By the soldiers.
H. H. U.—Why? Did the people riot or shout for independence?
Farmer—No; but that is a Christian village.
H. H. U.—Has there been no cheering for independence here?
Farmer—Some time ago there was in the market town on market day.

원한경의 제암리 조사 보고서(*Korea Situation*, 1919)

스코필드 전별기념 은제 잔과 받침

학생들의 민족운동

1920년대 문화운동이 시작되면서 많은 청년 학생단체가 조직되었다. 1920년 5월, 연전학생청년회(YMCA)를 중심으로 고등보통학교, 전문학교 학생 1천여 명이 정동예배당에서 '조선학생대회'를 조직하였다. 연전의 김윤경이 회장, 세전의 김찬두(金讚斗)가 부회장이 되었다. 이들은 전국으로 강연대를 파견하여 계몽 활동을 전개하였다.

사회주의 성향의 '조선학생과학연구회'(1924)에는 연전의 이병립(李炳立, 문과 2)이 중요 인물로 참여하였다. 연구회는 사회과학 연구 및 보급, 학생의 사상 통일, 인간 본위의 교육 실시, 조선 학생의 당면 문제 해결 등을 목표로 하였다. 이 연구회는 6·10만세 운동을 주도하였다. 이병립, 박하균(朴河鈞, 문과 2) 등은 만세 시위를 모의하고, 태극기 200장, '독립만세'라고 쓴 깃발 약 30장을 제작하였다. 당일 이들은 수표동 부근을 담당하였는데, 이병립의 선도 아래 격문을 뿌리고 만세 시위를 거행하였다. 이병립, 박하균 등 연전 학생이 37명, 세전 학생이 8명 체포되었다. 이병립은 징역 3년, 박하균은 2년을 구형받았다.

기독교계의 민족운동과 연세

기독교 세력은 당시 민족주의 세력의 중요한 한 축이었다. 국내의 기독교 민족운동은 안창호(장로회)의 수양동우회(수양동맹회와 동우회)와 이승만(李承晩), 신흥우(申興雨, 감리회)의 흥업구락부가 대표적이었는데, 연전의 교수와 학생이 많이 관여하였다.

수양동우회 서울 지회에는 백낙준, 조병옥, 하경덕, 이묘묵, 한치관, 현제명(이상 교수), 갈홍기, 이윤재(이상 강사)와 직원 현정주, 박태화, 연전 졸업생 김윤경, 유기준, 채우병, 허용성 등이 활동하였다. 세전에서는 김창세, 이용설, 선우훈, 주현측 등이 참여하였다. 1937년에 이르러 이른바 '동우회 사건'으로 인해 연전과 세전의 많은 이들이 체포되었다.

흥업구락부는 YMCA를 주도하던 감리회계통의 기독교인을 중심으로 조직되었는데, 중심인물이었던 신흥우는 연전의 이사였다. 결성에는 유억겸이 적극적으로 참여하고, 동료 교수였던 조정환, 이춘호, 최현배, 홍승국 등을 참여시켰다. 이들의 대부분은 민족운동단체 신간회에도 참여하였다. 흥업구락부 또한 1938년 일제에 의해 탄압을 받았다. 다음에 서술한 경제연구회 사건을 조사하던 중 유억겸의 집에서 이승만의 동지회 관련 문서가 발견되면서 대대적으로 검거되었다. 윤치호, 신흥우, 안재홍, 최두선 등과 더불어 유억겸이 구속되었고, 최현배도 학교를 떠났다.

경제연구회 사건

1938년 2월, 일제는 상과의 '경제연구회'가 당국의 허가 없이 학생 웅변대회, 여운형 초빙 강연회 등을 열어왔다고 조사하기 시작하였다. 이 연구회가 교수들, 곧 부교장 유억겸 이하 '좌익교수 그룹'의 지도 아래 운영되었다고 보았다. 수사는 10개월 동안에 진행되었다. 교수와 학생의 가택, 유억겸 부교장실, 서무실, 상과 과장실, 상업연구실, 문과연구실, 도서관까지 수색했다. 또한 교수들의 강의안, 원고, 시험답안지, 학생 임원 명부, 동문회원록, 상과 회의록, 경제연구회 집행위원 회의록, 경제연구회 회의록, 회칙 등을 압수했다. 학생들에게서는 강의 시간에 필기한 공책, 메모지, 수첩, 사진, 일기장까지 압수했다. 상과의 이순탁, 백남운, 노동규 교수 외에 부교장 유억겸과 상과의 홍승국, 최순주 교수 등 8명을 연행하고, 졸업생, 재학생 모두 60여 명도 체포하였다. 그 가운데 이순탁 등 세 사람은 치안유지법 위반으로 재판을 받았다.

8

해방 후, 한국의 학문과 교육 재건을 이끌다

해방 후 연세는 일제에 의해 억압되고 해체된 우리 민족의 교육과 학문을 다시 세우는 주역이었다. 일본인 교수들이 일본으로 돌아간 뒤 생긴 공백은 연세의 교수와 학자들이 감당하면서 새로운 국가, 사회의 학문과 교육 체계를 세우고 이끌어갔다.

일제 말기의 수난

일제는 대륙침략, 태평양전쟁을 일으키면서 조선을 전쟁에 동원하고 군국주의적 '신체제'를 구축하기 위해 학교를 탄압하였다. 민족적 성향의 교수들을 모두 학교에서 몰아내고, 연세를 경영하던 미국 선교사들도 조선 땅에서 추방하였다. 조선어학회 사건, 수양동우회 사건, 흥업구락부 사건 그리고 교내의 여러 형태의 조직이나 독서회 등을 온갖 빌미로 탄압하고, 부교장 유억겸을 비롯한 최현배, 정인보, 백남운, 이묘묵, 하경덕 등이 고초를 겪었다. 수양동우회에 연루된 백낙준은 국외로 나갔다가 귀국하지도 못하였다. 1938년 말부터는 교수들의 복장이 국민복(國民服)으로 바뀌었고 1940년 이후 교수, 학생들의 창씨개명과 삭발이 강요되었다.

1940년에 들어서 본격적으로 학원을 병영으로 만들어갔다. 학칙도 개정되어 제1조에 "본교는 (…) 충량한 황국신민을 양성함을 목적으로 한다"라고 명시하였다. 일본어 상용 정책에 따라 10여 년 동안 유지되던 조선어 강좌마저 폐지되었다. 교장 원한경이 교장직에서 물러나고, 윤치호가 교장이 되었다. 연전의 교육 목표도 "전시 하에서의 황민교육의 철저, 신도(臣道) 실천의 원동력 함양, 반도 학도의 지도원리(國體明徵, 內鮮一體, 忍苦鍛鍊)의 실천"으로 천명되었다. 전쟁을 위한 정신적 결집을 위해 '일본학'이라는 과목도 개설되었다(1940).

일제는 1941년 12월에 외국인 이사와 교수들을 '적국인(敵國人)'이라는 이유로 제명하고, 국외로 추방하기 시작하였다. 교장직에서 물러나 있던 원한경도 결국 1942년 추방되었다. 1942년 8월부터 총독부에서 직접 연전을 관리하기 시작하였다. 서양 선교사의 기관이므로 이는 '적산(敵産)'으로 규정하고, 「적산관리법 시행령」에 따라 '사립연희전문학교기독교연합재단법인'의 관리인으로 일본인의 조선교육회를 지정하였다. 이런 후에 1928년에 세워진 언더우드의 동상도 철거하였다. 민족 문화 연구의 산실이었던 '문과'와 유일한 자연과학의 산실이었던 '이과'를 폐지하고, 대신에 '동아과(東亞科)'라는 학과를 만들었다(1943). 1944년 5월에 이르러서는 연희전문학교를 폐교하고 대신 경성공업경영전문학교를 설치하였다. 그러는 사이 세 사람의 일본인 교장이 학교를 운영하였다.

세전은 에비슨 교장이 떠난 후, 조선인 오긍선이 교장이었다. 이런 점에서 폐교는 면하였지만 학교 이름이 아사히(旭)의학전문학교로 바뀌었다.

언더우드관에서 바라본 정원. 동상이 철거되고 흥아유신기념탑이 세워져있다.

해방 후, 학술계 재건

해방이 되자 새로운 국가건설에 기여할 학문을 재건하는 과업이 주어졌다. 일제 식민지배에 기여하던 학문체계를 부정하고 신문화, 신학술을 천명하였다. 해방 이튿날 상과 교수 출신 백남운은 조선학술원을 만들고 새로운 정부 건설에 필요한, 그리고 '자유 조선의 신문화 건설'을 위한 대안들을 과학적 학술 연구를 통하여 마련하고자 하였다. 이양하를 비롯한 김봉집, 이원철, 이순탁, 윤일선, 최현배, 김일출 등 연세인들이 같이 활동하였다.

한편, 정인보는 해방 후에 연희로 복귀하지 않고 '국학'을 내세운 국학대학(國學大學)을 책임졌다. 연전 출신 홍이섭이 교수로 부임하여 이를 도왔다. 아울러 홍이섭은 연전 출신 역사학자를 모아 '역사학회' 조직을 주도하였다(1945. 12. 25.). 홍이섭, 조의설, 민영규, 김일출,

염은현, 홍순혁, 정진석이었다. 사회주의 계열인 정진석, 김일출 등은 그 계통의 학술기관에서도 활동하였다.

대학 교육제도의 정비와 연세 출신

교육제도와 대학교육도 마련되었다. 미군정 아래에서 만들어진 조선교육위원회(Korean Committee on Education)의 각 분과의 위원으로 유억겸(전문교육), 백낙준(교육전반), 윤일선(의학교육), 정인보(학계 대표) 등의 연세인이 참여하였다. 교육위원회는 각급 학교의 개교 시기, 일본인 및 친일 교사의 축출 문제, 학무국 인력 구성, 교과서 및 교육과정 구성 등을 다루면서 각종 교육기관의 책임자도 선발하였는데, 백낙준은 '제국'을 뗀 경성대학의 총장 대리 겸 법문학부장이 되었다.* 1945년 12월, 미군정 청의 한국인 학무국장으로 연전 교장인 유억겸이 임명되었다. 이듬해 3월에 국(局)이 부(部)로 바뀌면서 문교부장이 되었다.

> * 미군이었던 원일한(H. G. Underwood, 1917~2004, 元一漢)도 교학처장으로 참여하였다. 그 외 교수로 임명된 사람은 백남운, 이인영, 이양하, 김일출 등이었지만, 취임하지 않은 사람도 있었다.

조선교육위원회와는 별도로 조선교육심의회(The National Committee on Educational Planning)라는 자문위원회가 발족하였다(1945.11). 이 위원회에서는 신교육제도 도입, 의무교육 실시, 학교 설립 기준, 교육 행정 기구 개편 등 교육이념과 교육제도의 골격을 논의하였다. 이 위원회 산하에는 모두 10개의 분과가 있었고, 교육이념을 정하는 제1분과(정인보, 백낙준, 하경덕 등), 교육제도를 다루는 제2분과(유억겸 등), 고등교육을 다루는 제8분과(윤일선, 백남운, 조병옥 등), 교과서를 다루는 제9분과(최현배, 장지영 등)

등이 중요하였다. 여기에서 '홍익인간'을 한국의 교육이념으로 정하였고, 6·3·3·4제의 교육 기간을 정하였으며, 고등교육을 위한 대학교도 설치하였다. '홍익인간' 교육이념은 백낙준이 제안하였다. 일제하 민족문화 운동에서 강조되던 '단군'의 건국이념을 근대적으로 계승한 것으로, 연전에서 추구하던 민족교육과도 무관하지 않은 것이었다.*

* 연전의 동료 교수였던 사회주의계열 백남운은 홍익인간 이념을 강하게 반대하였다.

한편, 교육심의위원회 고등교육위원회는 대학 설립과 대학 교육도 논의하였다. 24개의 전문학교를 대학으로 승격하는 계획을 세웠다. 이에 1946년 8월 15일부로 연희대학교를 비롯한 몇몇 종합대학이 출범하였다. 국립서울대학교 설립도 추진되어, 문교부장 유억겸이 국립종합대학 설립 계획을 발표하였다. 관립·공립 전문학교를 대학으로 승격시키고, 이를 경성대학 중심의 국립서울대학교로 통합한다는 것이었다(국대안). 이에 대해서는 많은 반대가 있었지만 1년 정도 흐르면서 어느 정도 안정되었고, 미군정청 군인이 맡았던 총장직을 한국인으로는 처음, 연전 교수 출신이었던 이춘호가 맡았다(1947. 10).

연세 출신은 해방 후 한국의 교육정책과 대학 교육에서 많은 부분을 담당하였다. 연전 교장이었던 유억겸은 문교부장을 역임하였고, 연희대학교 초대 총장이었던 백낙준은 정부 수립 후에 2대 문교부장관으로, 그 아래 차관은 연전 수물과 출신의 최규남(후에 서울대 총장, 문교부 장관)과 세전 출신 고병간이 차례로 맡았다. 초창기 서울대학교도 연세 출신이 이끌었다. 제2대 총장인 이춘호를 비롯하여 백낙준이 잠깐 법문학부부장을 지냈고, 최규남과 윤일선(세전 교수)이 총장이 되었고, 많은 연세 출신 학자들이 서울대 교수가 되었다.

세브란스도 해방 후 일본인 의료 관계자가 빠져나간 공백을 메우는 역할을 감당하였다. 윤일선이 경성대학 의과대학 교수(후에 총장)로, 심호섭이 경성의전 교장(후에 서울의대 초대 학장)으로, 고병간은 대구의전 교장(후에 문교부 차관, 경북대, 연세대 총장)으로 진출하였다. 또 이용설은 미군정청 보건후생부장으로, 대한민국 정부 수립 후에는 최재유 등이 보건부 장관을 역임하는 등 의료 정책도 담당하였다.

한편 남북 분단으로 북으로 간 연세인도 북한의 학문 수립에 기여하였다. 백남운(경제학), 김일출(역사학), 정진석(철학), 최명학(의학) 등이 그러하였다.

유억겸기념관 및 유억겸

9

하나의 연세, 창립자의 꿈을 이루다

언더우드는 처음부터 기독교 연합으로 종합대학(university)을 세우고자 하였다. 이런 언더우드의 염원은 연전과 세전, 두 학교의 교장을 18년간 겸하였던 동역자 에비슨에 의해서 계승되었다. 그 결실은 1957년 연희대학교와 세브란스의과대학의 역사적인 '합동'으로 나타났다.

에비슨 교장의 활동

에비슨은 개교 초기부터 두 학교를 통합하여 종합대학으로 만들고자 하였다. 이 작업은 1920년대 들어 바로 착수되었다. 1923년 9월, 조선기독교총회에서 이런 내용을 결정하였고, 미국 선교본부에서도 허락한 것이었다. 두 학교의 이사회가 각각 조직되어 있었지만, 두 학교에 모두 해당되는 안건은 공동이사회를 열어 논의하였는데, 두 학교를 통합한다는 점은 공동이사회에서도 몇 차례 확인하였다.

통합이 본격적으로 논의 된 것은 경성제대 예과가 시작된 1924년이었다. 총독부는 종전의 방침을 바꾸어 조선에 제국대학을 설치하였는데, 선교회는 이 법령에 따라 조선인의 '대학'도 가능하다고 판

단하였다. 이에 1924년 6월에 우선 연전에 여자대학을 신설하고자 하였으며, 1925년에는 두 학교와 협성신학교를 합하여 종합대학으로 만들려고 하였다.

학교 발전 및 두 학교의 통합, 대학 설립에는 많은 자금이 들 것으로 예상되었다. 당시 두 학교는 모두 상당한 재정 적자를 겪고 있었으므로 1924년에 에비슨 교장이 미국으로 가서 필요한 자금을 모금하기 시작하였다. 이듬해에는 마침 박사학위를 마친 원한경도 합류하였다. 거의 2년 가까이 활동하여 대학 설립에 필요한 150만 달러의 반 정도 모금하는 성과를 거두었다. 하지만 대학 설립과 통합 계획은 당장 실현되지 못하였다.*

모금을 위해 에비슨은 *KOREA*라는 책자를 발간하여 한국과 연전을 소개하였고(이 책 6장), 또한(1930년대 초), 연전 이름으로 연전, 세전, 간호부양성소, 세브란스 병원을 함께 소개하는 한 권의 책(*Chosen Christian College Severance Union Medical College Nurses Training School and Hospital*)을 펴냈는데, 목적은 동일한 것으로 보인다.

연희전문학교의 종합대학 승격 추진은 계속되었다. 1929년 연전은 학교 발전을 위한 7개년 계획을 세우고 궁극적으로 종합대학으로 나아가고자 하였다. 명실상부한 '조선 민간 학술연구의 중심'이 되기 위해 자금을 확충하면서 안으로는 박물관 창립, 조선 고서 수집 및 조선학 관련 출판 사업, 교수 연구록 발간, 정년제 및 안식년 제도 신설 등을 계획하였다. 아울러 6월에는 에비슨 교장을 중심으로 종합대학을 만들기 위한 위원회를 조직하고, 한 교장 아래 두 명의 부교장을 두어 각각 교육과 의학(세브란스)을 담당한다는 것을 협의하기도 하였다. 또한 1933년에는 세전의 건물이나 교육시설을 연전 부지 안에 짓는 문제도 공동이사회를 통해 결의하기도 하였다. 그러나 이런 계획은 당시의 세계적인 공황 여파로 자금을 모금하지 못하고 주춤하였다.

통합정신의 계승

에비슨은 70세에 선교사를 은퇴(1932)한 후, 일반인 신분으로 세전 교장직은 1934년 2월까지, 연전 교장직은 9월까지 수행하였다. 세전은 오긍선이, 연전은 원한경이 각각 교장직을 이었다. 원한경의 교장 취임사 제목도 「대학을 목표로」였다.

1940년, 연전과 세전은 '연합'을 통한 종합대학 설립안을 다시 제기하였다. 세전이 좁고 소란한 서울역 앞을 떠나 연전 인근에 2백만 평을 마련하여 동양 최대의 병원과 학교를 건설하고, "연세(延世) 종합대학"을 세운다는 계획이었다. 양교의 연합은 "최초 설립자의 대이상"이었고, 학교나 병원을 신촌의 연희 숲으로 옮기는 것은 세전의 오랜 꿈이라고도 하였다. 이런 계획 또한 일제 말기의 전쟁과 선교사 추방으로 좌절되었다.

1957년, 하나의 연세가 되다

해방 후 두 학교는 각각 대학으로 출발하였다. 연전은 일제 말기에 폐교되어 재산이 모두 총독부에 몰수되었기 때문에, 해방 직후 바로 미군정청과 협의하여 재산을 환수하고 10월에 연희전문학교로 다시 출발하였다. 그런 다음 군정청의 대학령에 따라 이듬해 7월에 연희대학교로 승격하였다. 학교의 영문 이름은 'Chosun Christian University'로 하였다. 세전은 1947년 8월에 세브란스의과대학으로 출발하였다.

연세대학교 첫 교기

각각 대학의 체제가 정비되면서 두 학교를 합하자는 논의가 자연스럽게 다시 일어났다. 1948년에 논의가 거의 이루어져 11~12월에 양교의 교수회가 합동을 찬성하는 결의와 건의서를 발표하였다. 건의서에서는 기독교 정신을 한층 확충하고, 종합대학의 면모를 갖출 것이라는 점을 강조하였다. 1949년에는 세브란스의과대학의 예과를 연희대학교 안에 개설하였다.

양교의 합동 논의는 6·25전쟁으로 일시 중단되었다가 부산 피난 중에 재개하였다. 합동에는 아무런 이의가 없었다. 다만 합동 후의 교명을 두고 회의를 거듭하였다. 1954년 9월, 합동을 전제로 세브란스의대와 병원을 연희대학교 부지 안에 신축하기로 하였고, 1955년에는 연희대학교 대학원에 의학과 석사과정을 설치하였다.

학교 이름을 정하는 것이 마지막 진통이었다. 1955년 3월의 합동 이사회는 교명으로 연희대학교, 기독교대학교, 한국기독교대학교 등을 제안하였다. 그러다가 다시 7월 이사회에서는 연희를 빼고 동명, 태백, 한경, 신민 등을 후보군에 추가하였다. 6개 후보 이름을 두고 투표한 결과 신민대학, 기독교대학 등으로 압축되었지만 논란은 계속 되었다. 그러다가 10월 이사회에서 연희와 세브란스가 가진 전통적 명칭을 살리기로 하고, 그 머리글자를 따 '연세대학교'로 결정하였다. 이 교명은 1929년 연전과 세전의 합동을 논의한 이래 일제 말에도 염두에 두었던 이름이었다.

1957년 1월 5일, 연세대학교라는 이름으로 문교부의 인가를 받았다.* 연희대학교 총장 백낙준이 초대 총장으로, 세브란스의과대학 학장 김명선이 부총장으로 선임되었다. 1959년 4월 1일 신촌 부지에서 의과대학 착공식이 있었고, 1962년 6월 5일에 의과대학과 병원의 봉헌식이 거행되었다. 세브란스병원과 대학이 서울역 앞의 캠퍼스를 떠나 신촌으로 이전해 새로운 둥지를 틀면서 두 학교는 통합을 완성하게 되었다.

* 합동에 따른 법적 절차를 허가해준 문교부장관은 연전 수물과 출신 최규남이었다. 그는 백낙준 문교부장관 시절의 차관이었으며, 후에 서울대 총장이 되었다.

연세대학교 백낙준 초대 총장 취임식

연세의 탄생은 제중원 이래 교파를 초월하여 연합적으로 연전, 세전을 운영한 정신이었고, 무엇보다도 두 학교가 같은 뿌리에서 나왔기 때문에 가능하였다.* 이는 곧 한국에서 근대교육의 뿌리를 내린 선교사들의 기독교 정신에서 비롯된 것이었다. 또한 이를 실천한 여러 선배 교수의 용단이 가져온 결과였다. 오늘날 연세의 발전은 바로 이런 통합과 양보, 희생의 정신 속에서 이루어진 것이다.

* 1957년 '재단법인 연세대학교'의 이사장은 총장 백낙준이 겸하였고, 이사는 33명이었다. 연희, 세브란스 동문, 기독교계 인사들이었고, 그 가운데 12명의 외국인은 미국 감리회, 미국 연합장로회, 북장로회, 캐나다 선교회, 미국 남장로회, 호주 장로회 선교회, 감리회 여선교회를 대표하였다. 법령으로 총장이 이사장을 겸하지 못하자, 사우어(Charles A. Sauer, 미국 감리회)가 제2대 이사장이 되었다(1961).

10

창립 이념의 계승과 학풍의 재창조

무엇이 '연세다움'이며, 어떻게 하여야 "연세, 연세인답다"라고 할까? '연세다움'의 핵심은 창립자의 정신에 있고, 이를 계승하여 다시 재창조해 간 선배들의 헌신 속에도 있다. 역사 속에서 연세 정신을 돌아보고, 또 이를 학문 연구와 교육으로 실천하면서 이어가고 있다. 한말, 일제 시기를 거쳐 형성된 '화충의 학풍'을 해방 이후 변화된 사회 속에서 학풍과 교육 목표를 다시 창조해 간, 이른바 '법고창신(法古創新)', '온고지신(溫故知新)'의 정신이었다. 그 중심에는 백낙준 총장이 있었다.

지식을 중외(中外)에서, 진리를 고금(古今)에서

해방 후 백낙준은 민족문화 연구의 중추 기관으로 동방학연구소를 만들어 직접 소장을 겸하였다. 연희대학교의 창립 40주년(1955)에 즈음해서 백낙준은 '연희 학원 40년의 전통, 2천 년의 기독교 문화의 전통, 4천 년간 민족문화의 전통'을 동시에 계승한 것이 '연희'라고 하며, 민족 전통 속에서 축적된 '자아의식'이 연희 학원에도 계승되고 있다고 강조하였다. 즉 4천 년간 역사 속에서 축적된 자아의식은 곧 민족의식으로, 이는 일제하 이민족의 침략 아래에서는 "사막을 복류(伏流)" 했다가, 다시 해방된 공간에서는 민주교육의 선봉에 선 연희에 다시 힘차게 뻗치고 있다는 것이었다.

이런 점에서 백낙준은 연희가 갈 방향도 제시하였다.

> 우리 민족은 그 후진성을 면하기 위하여 외국의 학문을 수입하기에 급급하지 말고, 우리의 가진 바 학문을 체계화하고, 과학화함으로써 우리의 과거를 빛내며 장래를 향도(嚮導)하여야만 될 것입니다. 우리는 지식을 중외(中外)에 구하고, 그 진리를 고금(古今)에 더듬어 선진 국가의 문화적 수준에 오르는 동시에 우리 문화를 빛내는 교육기관이 되어야만 될 것입니다(「연희대학교 창립 40주년 기념사」, 1955).

곧 후진성을 면하기 위해서는 외국 학문을 배워야 하지만, 더 중요한 것은 우리가 가진 학문을 체계화, 과학화하는 것이었다. 중외와 고금, 곧 연전 시절부터 강조하던 '동서고근 화충'의 자세였다.

진리와 자유, 종교교육 강화

기독교주의, 기독교 정신은 1957년 연세로 통합된 이후 '진리와 자유'로 정립되었다. 성경의 '너희가 내 말에 거하면 참 내 제자가 되고 진리를 알지니 진리가 너희를 자유케 하리라'(요한복음 8:31~32)에 근거한 것이었다.

진리와 자유에 기초하여 학교의 교육방침도 정하였다. "본 대학교는 기독교 정신에 기하여 '진리와 자유'의 교훈 밑에 학술의 심오한 이론과 광범 정치한 응용 방법을 교수 연구"(1959년 학사보고서)한다고 하였고, "연대 학생들은 갈망하는 마음으로 '진리'의 문을 두드리고 들어와, 학문을 닦은 후에 '자유'의 날개가 돋치어 나가기를 바라는 것"이라고 하였다(1961년 요람). 이에 근거하여 "국가와 인류 사회 발전에 공헌할 지도적 인격의 도야"라는 교육 목적을 정하였다. 이 목적은 지금도 견지, 계승되고 있다. 또한 창립 정신을 깨닫고 이어가기 위해 종교 교육도 강화 하였다.

새로운 연세 학풍

백낙준이 새로운 연세 학풍에 대해 대체적인 윤곽을 제시한 때는 1959년이었다. 그는 ①기초와 전공에 균형된 교육, ②온고지신(溫故知新)의 태도, ③과학적 정신, ④실사구시(實事求是)의 입장 등으로 제기하였다(「연세교육의 중점」, 1959. 3).

1961년 판 『연세대학교 요람』에는 이를 구체적으로 설명하였다. 첫째, 기초와 전공의 균형을 이루는 교육을 지향하였다. 줄곧 유지해 온 기독교 정신에 입각한 인격 도야는 물론 다양한 교양 과목을 통해 넓은 지식, 박학을 기반으로 하고, 그 위에 전공을 쌓아 올려야 대학 교육의 목적을 달성할 수 있다고 보았다. 이렇게 균형 있는 교육을 받아야만 "고루, 편협, 색폐(塞閉)의 폐(廢)를 제거하고 박식(博識), 활달(豁達), 관홍(寬弘)의 성과를 얻게 될 것"이라고 하였다.

둘째, '온고지신'의 태도를 강조하였다. '옛것을 익히고 새로운 것을 안다'라는 『논어』의 구절이다. 일제하 연전 시절부터 민족문화를 연구하던 전통을 새로운 차원에서 재천명한 것이다. 『요람』(1961)에서 이에 대해 다음과 같이 기술하였다.

우리는 유구한 문화의 계승자들이다. (…) 우리는 학문을 중외(中外)에 구하고, 진리를 고금(古今)에 취하되, 우리 과거와 절연할 수 없다. 우리가 우리의 과거로 그치는 때는 우리 민족의 본질을 상실하는 날이다. 새것을 배우면서 우리 민족문화를 더 빛나게 하여야 한다. 과거로 돌아가는 반동(反動)이나 자찬자위(自讚自慰)하려 함이 아니다. 우리 민족의 문화를 빛나게 하면서 새 문화, 새 학문을 배우라는 것이다.

셋째, 모든 학문의 연구와 진리의 탐구에 필요한 과학적 정신이었다. 이는 학문 분야가 다양해지면서 자칫 잃기 쉬운 학문 태도의 자세를 언명한 것이었다. "과학적 방식의 행사로만 진리를 탐득(探得)"할 수 있다고 하였고, 이를 위해서 "우리는 피상적, 형식적, 명리적(名利的) 태도를 배제하고 치밀, 정확, 창의적 연구 태도를 치중"하자고 하였다.

넷째, 실사구시의 입장을 천명하였다. 이는 조선 후기 '실학'의 이념이기도 하였다. 실사구시는 학문이 현실에서 필요한 실제적 학문, 또 선진국만을 모방하는 학문이 아니라 주체적인 우리의 학문이 되어야 함을 거론한 것이다. 이는 특히 한국 사회에 필요한 실용적인 학문 분야에 적용할 수 있는 태도였다.

이렇게 새롭게 정립된 연세 학풍의 기반은 일제하, 정인보 등이 중심이 되어 연구하던 조선 후기의 실학이었다. 학풍으로 제시된 실사구시, 온고지신, 과학정신 등은 모두 실학의 학문 이념이었다. 백낙준은 실학사상이 연세의 학풍으로 오랫동안 유지되기를 바랐던 것이다.

통재교육(通才教育)

학풍의 재창조와 더불어 교육방침도 정하였다. 1959년 백낙준 총장의 신년사에서 '통재 교육'을 제창하여, 전인교육을 주장하였다. 통재(通才)는, 곧 천지인(天地人) 삼재(三才)를 두루 관통하는 것으로, 백낙준은 이 형상을 그 해 준공한 대강당 꼭대기 벽면에도 새겼다. 낙성식에서 백낙준은 다음과 같은 봉헌사를 역설하였다.

> 옛사람은 천, 지, 인이 만물의 시초요 근원이라 하였고, 그 근본되는 천도, 인도, 지도를 통달함으로써 천지 인간의 진리를 체득하는 과정을 삼아 왔습니다. (…) 이제 우리는 종교, 도덕, 철학 등의 형이상학을 천도(天道)로 해석하고, 우주 만물을 연구하는 자연과학을 지도(地道)에 부합시키고, 인류의 역사, 사회생활, 문화 활동을 다루는 사회과학을 인도(人道)에 준하여 현대적 삼재 교육이 연세 교육의 목적이요, 이 대강당의 사용 목적도 이에 있음을 표기하기 위하여 훈민정음에서 천, 지, 인을 상징한 모습을 이 대강당의 상징으로 삼았습니다(「연세대학교 대강당 낙성 봉헌사」, 1959).

통재 교육, 곧 형이상학, 자연과학, 사회과학을 통하는 교육을 연세 교육의 목적으로 삼았다. 통재 교육은 "이 학교의 전통으로 삼아온 것", 또한 "우리가 물려받은 아름다운 유업"이라고 하여, 연희 시절 이후 축적된 학풍의 발현으로 보았다(「연세의 유업(遺業)」, 1976). 통재 교육을 위한 교과목으로 <인간과 사상>, <인간과 사회>, <인간과 환경> 등을 만들어 교양 필수로 하였다.

통재 교육은 인문 사회, 자연과학, 철학에 두루 통하는 교양인을 형성하자는 전인교육이었다. 오늘날의 관점에서 보면 새로운 과학기술의 발전과 인문학 등의 여타 학문과의 융합을 지향한 것이었다. 오늘날의 격변기에도 학문과 교육의 지남(指南)이 될 만하다.

대강당에 새긴 천지인 형상

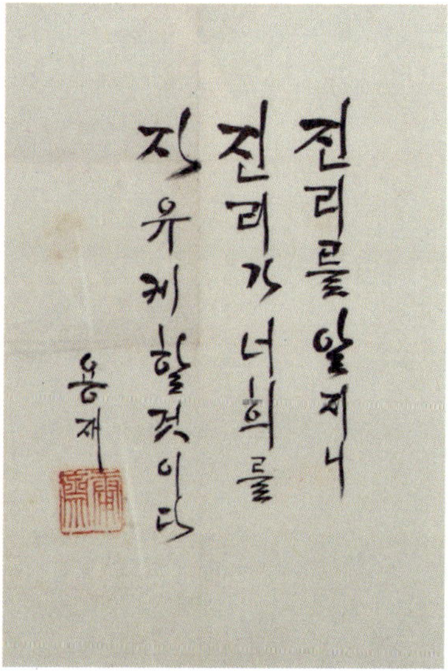

백낙준 초대 총장의 교훈 글씨

Section 2 교정에서 만난

연세 이야기

연세동산
一九七一년 겨울
혜촌 그림

11

창립 정신을 되새기다

신촌캠퍼스 정문에는 학교의 교표를 새긴 표지석이 있고, 조금 더 교내로 들어오면 바로 눈에 띄는 교훈석이 있다. "진리가 너희를 자유케 하리라"라는 이 성경 구절은 연세의 이념과 정신, 그리고 교육의 목표까지 전부를 아우르는 말이다. 눈을 더 들어보면 멀리 하늘로 향해 날갯짓하며 비상하는 독수리상이 보인다. 이 모두 연세와 연세 정신을 상징하는 것이다.

진리와 자유

기독교 정신은 창립 이후 줄곧 연희와 세브란스, 두 학교 모두의 이념이었다. 총독부에서 채플이나 성경 과목을 가르치지 못하게 하였을 때는 학교를 폐교하는 것까지 고려했던 사람들이 연세의 설립자들이었다.

교훈석(정문 입구)

‘진리와 자유’를 교훈으로 정립한 것은 1957년 연세의 탄생 이후였다. 백낙준은 연세의 초대 총장 취임사에서 “우리가 구하는 진리는 예수 그리스도를 통하여 계시(啓示)된 하나님의 진리요, 우리가 쟁취하는 자유는 인간생활상의 자유인 동시에 죄와 불의에서 벗어나는 심령의 자유”라고 하고, “우리가 진리를 위해 싸우는 것과 자유를 위해서 싸우는 것이 이 학교의 사명”이라고 하였다.

교표 속의 연세 이념

진리와 자유의 창립 이념은 교표 속에도 표시하였다. ‘책’은 진리를, ‘횃불’은 자유를 의미하고 있고, 전체를 아우르는 ‘방패’ 모양은 실천의 두 이념을 수호한다는 의미이다.

방패 속의 ㅇ과 ㅅ은 ‘연’과 ‘세’의 초성이면서, 동시에 ‘ㅇ’은 하늘(天)을 뜻하고 ‘ㅅ’은 사람(人)을 가리키고 있는데, 이를 가르는 가로선 ‘一’은 땅(地)을 의미한다. 천, 지, 인 (天, 地, 人)의 삼재(三才)는 동양 사회에서 자연계와 인간을 파악하는 방식이다. 그래서 세종이 한글을 창제할 때, 모음의 제자(題字) 원리로 삼았다. 이 삼재의 원리에 입각한 통재(通才) 교육은 연세 교육의 근본이념이 되었다(이 책 10장). 백낙준은 이즈음 건립한 대강당의 앞 벽면 중앙 높은 곳에 이를 새겨두었다(1959).

교표의 변천

교표와 교기

교표는 시대의 변천에 따라 변하였다. 세브란스병원의학교 시절에는 마름모 모양으로 가운데 태극 문양을 넣고, SHMC(Severance Hospital Medical College)라고 표기하였다. 병원과 학교를 기독교 교파 연합으로 운영하면서 학교 이름에 Union이라는 단어를 넣어 SUMC로 표기하였다. 해방 후 세브란스의과대학 때는 한자로 '大' 안에 '醫'와 Severance를 새겼다.

연희전문학교는 '연전(延專)'이라는 교명을 월계수 잎으로 받치고, 그 아래 십자가를 넣었다. 학생들 교복에는 CCC(Chosen Christian College)의 교표도 사용하였다. 일제 말기에는 십자가 모양이 없어지는 고초도 겪었다(86쪽 교기 참조). 해방 후 연희대학교가 출범하면서 무궁화 모양의 테두리를 두르고, 중앙에 태극 문양과 방패, 그리고 십자가를 그렸다. 영어 교명인 Chosun Christian University를 표기하였다.

1957년 양교의 합동 이후, 2년정도 연희대학교 시절의 교표, 교기 모양을 그대로 사용하면서, '연희'만 '연세'로 바꾸었다. 1960년경에 이르러 교표 속에 교육이념인 '천지인'과 창립년도를 새겼다. 이후 학교 UI는 몇 차례 바뀌었다. 하지만 진리와 자유, '천지인'은 여전히 창립과 교육 이념으로 유지하였다.

아픈 역사를 간직한 연전 교기

연전 교기가 겪은 아픈 역사도 있다. 현재 학교에 연전 시절의 교기가 유일하게 1기 남아 있다. 일제 말기에서 해방 직후까지 사용하였던 것으로, 총독부에서 월계수 잎 사이의 붉은색 십자가를 지우라고 하여 십자가의 가로 부분을 끊어내고 'ㅣ' 모양으로 만들어 사용하였다. 그러다 해방이 되고 1946년 8월, 연희대학교 이전에 약 1년 정도 연희전문학교를 그대로 유지하였는데 이때 끊어내었던 십자가의 가로 날개 부문은 덧붙여서 색칠을 한 채로 사용하였다. 이런 채로 한동안 사용했던 것 같은데 6·25전쟁 때 사라졌다. 인천 상륙 이후 연합군이 서울로 진격하는 과정에서 연세 교정은 치열한 전투의 현장이었는데, 어느 미군(R. Le Fever)이 연전 교기를 습득하여 본국으로 가지고 갔다. 2011년 그 미군이 이를 본교에 반환하였다. 이른바 '60년 만의 귀환'이라고 하여 언론에 회자되었다.

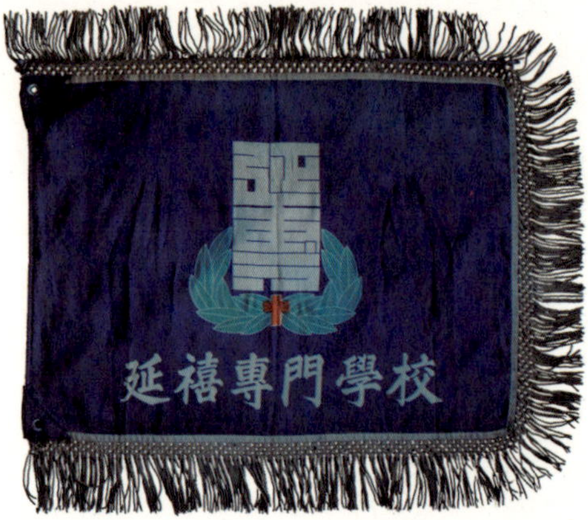

연희전문학교 교기(1942년 경)

교가와 찬가

교가와 응원가는 연세인의 마음을 하나로 뭉치게 하는 역할을 해왔다. 교가 가사에는 학교의 교육 이념과 구성원의 다짐을 담고, 그 운율 속에서 이를 마음에 새기게 한다.

연전 교가는 1920년에 선정되었다. 별도로 작곡을 하지 못하고 외국곡인 벨리니(Vincenzo Bellini, 1801~1835)의 오페라 노르마(Norma, 1831년 초연)의 곡조에 휘문고보 교장이던 장응진(張膺震)이 가사를 붙였다. 또한 교가와 더불어 응원가와 응원 구호도 선정하여 각종 운동경기 등에서 불렀다. 연전의 음악 교수였던 현제명(玄濟明)은 1932년 학생들로 구성한 중창단을 이끌고 일본 콜롬비아축음기 회사에서 이를 음반으로 만들었다(이 책 18장). 해방 후, 1946년 연전이 종합대학 연희대학교로 다시 태어나면서 새로운 교가가 필요하였고, 위당 정인보에게 가사를 부탁하여 이를 완성하였다.* 하지만 아쉽게도 이 가사로 교가를 만들지 못했고, 연전 시절의 교가를 학교 이름만 바꾸어 그대로 연희대학교 교가로 불렀다.

* 정인보는 해방 후, 한국의 경축절(3·1절, 제헌절, 광복절, 개천절) 노래의 가사를 모두 작사하였다.

세브란스의전 교가는 구노(Charles-François Gounod, 1818~1893)의 찬송가(합동찬송가 17장, 새 찬송가 660장, "온 세계 만민 다 기쁜 찬미하라") 곡에 가사를 붙였다. 1928년에 작사 공모를 통해 당선된 세전 2학년 재학생이었던 이인선(연전 입학, 세전 전입, 성악가)의 가사를 1929년에 교가로 선정하였다. 해방 후 세브란스의과대학 교가로 이어졌다.

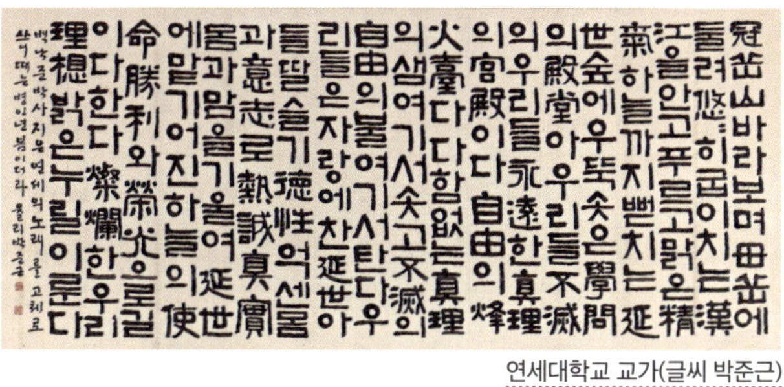

연세대학교 교가(글씨 박준근)

1957년, 연세의 통합 후, 교가로 불리고 있는 「연세의 노래」는 백낙준이 작사하고 음대 교수 박태준이 작곡하였다. 새로운 연세의 기상과 교훈인 진리와 자유를 향한 학문 연구, 교육을 통하여 슬기와 덕성을 지닌 연세인의 탄생을 기리고 있다. 이와 더불어 많이 불리는 「연세찬가」는 1962년 공모에 의해 선정된 오태석(당시 철학과 2)의 가사에, 이듬해 나운영(종교음악과) 교수의 작곡으로 만들어졌다. 진리와 자유를 심어온 역사적 성과와 무악산과 나무같이 영원히 발전하기를 다짐하였다. "용맹있게 앞에 나가라. 굳센 연세 용사들아"로 시작하는 「응원가」도 연세인의 혈기를 솟게 한다.

독수리상

독수리가 연세의 표상이 된 연유는 잘 알 수 없다. 여러 회고에 의하면, 1960년 연고전을 준비하는 과정에서 연세의 상징 독수리가 탄생하였다고 한다. 날카로운 부리와 발톱, 뛰어난 시력으로 지상의 동물과도 싸워 이기는 것이 독수리이다. 독수리가 날갯짓 하며 하늘로 박차고 오르는 형상은 성경에도 기록되어 있어(이사야 40:31), 기독교 정신을 근본으로 하는 연세의 이념에도 잘 어울리는 상징이다. 당시 총장 백낙준은 이 독수리를 '연세청(延世靑)'이라고 하였다. 특히 연고전에서 휘날리는 독수리 깃발은 연세인들의 기운을 모으는 상징이 되었다.

교정에 독수리 형상을 세운 때는 창립 85주년 개교기념일인 1970년 5월 9일이었다. 총학생회가 주동이 되어 모금한 결과였다. 조각가 김영중의 작품으로, 독수리상의 크기는 높이 2.6m, 폭은 5.2m로, 비상하는 독수리의 진취적 기상을 본받자는 의미를 담았다.

2012년 2월, 8.5m의 탑신을 10m로 높였다. 사방에 화강암으로 조각상을 새로 세우고, 원래 있던 석상(지, 덕, 체, 인을 상징)은 의료원, 미래캠퍼스, 국제캠퍼스, 원주세브란스기독병원에 하나씩 옮겨 세웠다.

독수리상

12

건물에 깃든 연세 사랑

신촌 교정에는 연세의 역사가 오롯이 남아 있다. 한정된 부지에 늘어나는 학생과 교육시설을 다 담기 힘들어 초창기의 모습은 많이 없어지고 있지만, 그래도 연전 시절 이래의 연세 정신은 교정의 오래된 건물에도 서려 있다. 모든 건물은 연세를 사랑하는 손길들의 헌신으로 지원하였기에 가능하였다.

연희궁 터에 선 '연희'

연세 교정은 조선시대 연희궁이라는 궁궐 터에 조성되었다. 정문으로 들어오면 오른편에 서울시에서 세운 표지석에 '연희궁터, 서잠실터'라고 표시해 놓았다.

연희궁터 표지석

연희궁은 세종이 상왕으로 물러난 태종을 위해 조성한 서이궁(西離宮)이었다. 하지만 태종은 이 궁을 사용하지 않았고, 주로 세종이 사용하였다. 그러나 연산군 이후의 기록에는 나타나지 않는다.

영조 때, 폐허가 된 연희궁 인근에 능원이 조성되었다. 사도세자의 생모인 영빈 이씨의 의열묘(義烈墓)였다. 대한제국 시기에 고종은 자신의 직계 4대조에 해당하는 왕을 황제로 추존하였는데, 이 묘역도 수경원으로 승격되었다. 수경원의 능묘는 현재 서오릉으로 이장되었지만, 능원에 축조되었던 정자각과 비각이 현재 캠퍼스에 남아 있으며 능 속에 부장되었던 유품(명기, 백자청화묘지, 석함 등, 서울시 유형문화유산)은 박물관에 보존되어 있다.

의열묘 현판(영조어필)

정자각(연세 역사의 뜰)

신촌캠퍼스 조성

연희궁 구역의 약 20만 평의 땅은 언더우드의 형인 존 언더우드가 기부한 4만 5천 불로 구입하였다. 그는 언더우드 타자기 회사를 경영한 거부로, 동생 언더우드가 기독교 대학 설립을 시작할 때부터 재정 보증 및 후원으로 사업을 지지해 주었다. 존 언더우드는 부지 매입 비용뿐 아니라 남대문과 신촌을 오갈 에비슨을 위해 자동차도 기부하였다.

언더우드는 형의 재정 지원 아래 기독교대학의 설립이 가시화되자 부지 구입에 나섰고, 여러 후보지 가운데 신촌 창천리 땅을 구입하기 시작하였다. 그러나 그는 학교의 개교 직후에 서거하여, 신촌의 교정은 보지 못하였다. 그 나머지 일들은 에비슨이 감당하였다. 종로

YMCA에서 개교한 조선크리스천컬리지는 1917년 연희전문학교로 인가를 받았고,* 목조건물인 치원관을 짓고, 진입로인 백양로를 조성하면서 신촌으로 이전하기 시작하였다. 1918년 4월에는 신촌에서 수업을 진행하였다.

* 초창기 법인 기부행위(정관)에 표시된 소재지는, 처음 작성하기 시작할 때는 서울의 어성정(御成町, 지금의 남대문로) 34번지 언더우드 사택의 주소였는데, 조금 지나 총독부에 신청할 때의 일본어 정관에는 신촌 134번지로 되어 있다.

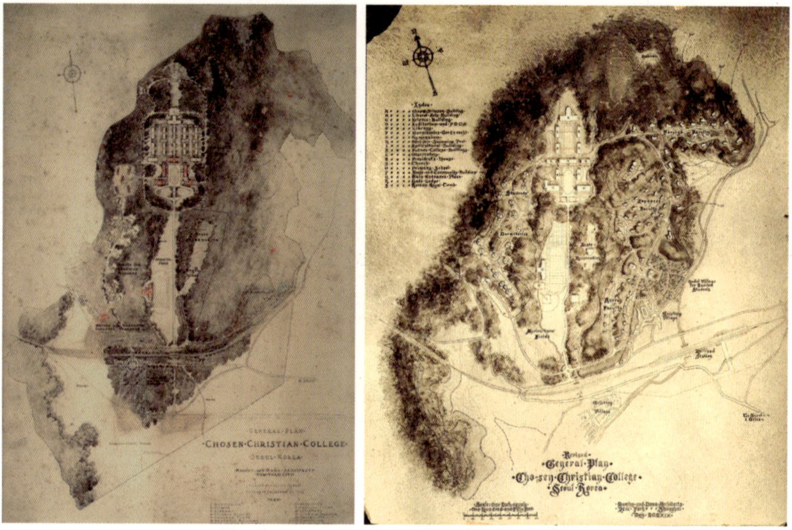

캠퍼스 종합계획도(1917, 1919)

서양식 근대 건물

1917년 신촌에 캠퍼스를 조성하면서 건물의 배치와 시설을 그린 종합계획(General Plan)을 작성하였다. 이 계획은 1919년에 다시 수정하였다. 'ㄇ' 모양으로 배치한 교정 중앙의 석조건물을 비롯하여, 서양 교수 사택, 조선·일본인 교수 사택, 학생 기숙사, 기혼자 숙소, 천문대와 노천극장, 운동장 등을 갖추고자 하였다. 물론 이것은 계획한대로 되지는 않았지만, 학교 전체 캠퍼스의 모양을 만들어가는 길잡이가 되었으며, 차례로 현재 우리 학교의 상징이 되는 여러 서양식 석조 건물을 세웠다.

초창기 건물 가운데 가장 대표적인 것은 현재 국가사적으로 지정된 세 동의 건물, 곧 언더우드 동상을 중심으로 'ㄇ' 모양으로 자리 잡은 스팀슨관, 언더우드관, 아펜젤러관이 그것이다.

스팀슨관은 언더우드 생전에 지원을 약속했던 LA 부호 스팀슨의 지원으로 지었다(1920). 첫 건물인지라 학교 본부로 사용하여, 당시에 본관으로 불렸다.

언더우드관은 존 언더우드가 먼저 영면한 동생 언더우드를 기념하기 위해 기부한 돈으로 지었다. 건립 이후 주로 문과, 상과 등이 사용하였고, 1970년대까지 문과대학이 사용하여, 흔히 '학관'이라고 하였다(지금의 본관).

아펜젤러관은 북감리회 아펜젤러 선교사를 기념하기 위해 미국 필라델피아 지역 감리교회에서 모금하여 기부한 것으로 설립하였다. 설립 당시에는 수물과에서 주로 사용하여 '과학관'이라고 불렸다.

국가등록문화유산으로 등록된 핀슨관은 1922년, 학생 기숙사로 건립하였다. 기금 마련에 공헌한 미국 남감리회 해외선교부 총무 핀슨(W. W. Pinson, 1854~1930)박사를 기념하였다. 윤동주가 한 학기 정도 이 기숙사에서 지냈으며, 지금은 윤동주기념관으로 활용하고 있다.

그 외 여러 채의 석조 건물이 건립되었다. 교수 사택 건물도 주로 각 선교회에서 기부한 비용으로 건립하였다. 교정 동편 산록에 촘촘하게 들어서 있었는데, 지금은 두 동만 남아 있다. 그 가운데 하나는 1919년에 건립한 현재의 총장 공관으로, 교정에 남아 있는 건물 가운데 가장 오래된 건물이다.

언더우드 동상

백양로 끝자락의 돌계단에 올라서면 연세 역사의 유서 깊은 공간이 펼쳐진다. 위에서 언급한 고색창연한 석조 건물들이 있고, 이 세 동의 건물 중앙에 언더우드 동상이 있다.

언더우드 동상은 한국의 혼란 속에서 영욕을 겪었다. 지금의 동상은 세 번째 세운 것이다. 처음 논의가 된 것은 1926년 언더우드 10주기 때였다. 연전의 교수우애회(교수회)가 주도하여 기금을 모아 1928년에 건립하였다. 그러나 엄혹했던 일제 말기인 1942년, 일제는 선교사를 추방하고 언더우드 동상도 철거하였다.* 소재가 청동이어서 전쟁물자로 탈취한 것으로 보인다. 해방 후 연희대학교가 세워지자 1948년 언더우드 동상을 건립하였다. 그러나 이번에는 6·25 전쟁으로 무사할 수 없었다. 전쟁이 일어나자 좌익 학생들이 중심이 된 학생자치위원회가 언더우드 동상을 끌어 내리고 부수었다. 한동안 동상 기단만 남아 있었지만, 그래도 그 시절 졸업하는 학생들은 그 앞에서 기념 촬영을 하였다. 연세 교정은 9.28 수복 과정에서 치열하게 전투가 진행되었던 곳이다. 지금도 언더우드 동상의 기단에는

> * 총독부에서는 언더우드 동상 자리에 당시의 조선 총독 미나미(南次郎)가 쓴 "흥아유신기념탑(興亞維新記念塔)"을 세웠다. 일제의 침략 전쟁을 미화하는 이 비석은 현재 박물관 야외전시장에 있다.

그때의 총알 자국이 선명하게 남아있다. 1953년 피난에서 돌아온 후 1955년에 지금의 동상을 세웠다.

해방 후의 건물들

6·25전쟁에서 환도한 후, 전쟁을 복구해 가면서 많은 교육 시설도 정비하였는데, 연희와 세브란스의 통합 전후 더 적극적으로 추진하였다. 이를 다 추진하려면 당시로는 천문학적 자금이 필요하였다. 미군 제5공군으로부터 건축자재를 원조받고, 재미 협동이사회의 지원과 중국(대만)기독교대학연합회의 지원 등을 통해 자금을 마련해 갔고, 여기에 학부모와 졸업생의 기부가 이어졌다. 여학생 기숙사 알로하(閼魯廈, 1954.7, 하와이 부인회 기부), 여학생관 논지당(論志堂, 1955), 교내식당 청경관(聽磬館, 1955), 과학관(1956, 이름을 곧 연희관으로 바꿈), 광복관(1956), 도서관인 용재관(1957, 백낙준 총장의 아호를 딴), 성암관(1959, 하원준의 성암재단 지원), 대강당(1959) 등이 차례로 건립되었다. 특히 환도 후에 학교 주변에 연세목장을 세우고 우유를 생산하였는데, 성암관 지하에서 이를 처리하여 콜라병에 담아 내놓았다. 핀슨관 뒤에 연합신학대학원 건물도 세웠다(1964). 이 건물들 가운데 몇 개는 이름만 남기고 본래의 모습은 찾을 수 없다.

1930년대 언더우드관 일원

13

대를 이은 언더우드의 소명

연희전문학교의 창립자인 언더우드는 애석하게도 학교가 문을 연 이듬해 1916년 병환으로 서거하였다. 언더우드가 일군 고등교육기관 연희는 그의 아들인 원한경과 손자에 이르기까지 이어졌다. 언더우드 일가의 자취는 교정에 널리 남아 있다.

언더우드 부자(1912년 경)

원한경, 아버지의 뜻을 이어

언더우드는 30세가 되던 1889년 제중원의 의료선교사 호튼(Lillias Stirling Horton, 1851~1921, 好敦)과 결혼하여 이듬해 원한경을 낳았다. 원한경은 한국에서 자라 아버지와 같은 학교인 뉴욕대학교로 진학하였다. 1912년, 그가 학교를 졸업할 때 아버지 언더우드도 모교에서 명예 법학박사 학위를 받았다. 졸업 후 원한경은 곧바로 선교사가 되어 한국으로 돌아와 경신학교의 교사로 참여하며 교육·선교활동을 펼쳤다.

1917년, 원한경은 연전 문과 조교수로 임명되었다. 그는 영어와 심리학, 교육학, 사회학 등을 가르쳤다. 1919년 3·1운동 때는 수원 제암리 교회 학살사건을 조사하여 일제의 만행과 한국의 독립운동을 서양에 알렸다. 1921년 어머니가 돌아가신 후에는 뉴욕대학 대학원에 진학하여 교육학으로 박사학위를 취득하였다(1925). 학위를 취득한 후에 안식년을 연장하여 당시 연전, 세전의 발전을 위해 뉴욕에서 모금 활동하던 에비슨 교장을 도왔다. 이듬해 조선에 돌아온 그는 1927년 연전 부교장이 되었다.

1934년 에비슨 교장이 은퇴하자 원한경이 그 뒤를 이어 연전의 제3대 교장이 되었다. 그는 연전의 창립, 교육 이념을 다지고, 대학을 목표로 하였고, 조선을 위한 인재를 배양하고자 노력하였다.

원한경은 한국의 문화와 역사에 관한 연구도 행하였다. 1915년에는 언더우드 선교사의 『영한자전』(1890)과 『한영문법』(1889)의 증보판을 출간하였으며, 1926년에는 그간의 교육선교 활동을 상세히 정리해서 펴낸 박사학위 논문 『한국의 근대교육(*Modern Education in Korea*)』을 간행하였다. 1930년에는 한국에 소장 되어 있는 서구의 문헌자료에 대한 조사 결과를 종합한 목록집을 간행하였고, 1933년에는 이순신의 거북선을 비롯한 한국의 선박 역사를 다룬 『한국의 배와 선박(*Korean Boats and Ships*)』을 출간하였다(이 책 6장).

일제 말기, 군국주의적 교육이 학원을 지배하였다. 교직원과 학생들에게도 신사참배, 창씨개명이 강요되었다. 이를 받아들일 수 없었던 많은 기독교 계통의 학교는 문을 닫고 교육선교사가 본국으로 철수하기도 하였지만, 원한경은 한국의 교육 전체를 일제에 맡길 수 없다는 신념으로 끝까지 학교를 지키려고 하였다. 하지만 원한경도 탄압을 벗어날 수 없었다. 결국 교장에서 물러난 원한경은 1942년 조선에서 추방되었다. 연전 또한 일제의 학교로 귀속되고 말았다.

원한경 사택(현, 언더우드가기념관)

교정에 남은 원한경 자취

미국으로 돌아간 원한경은 미국 육군성 전략국 소속으로 제2차 세계대전에 참전하였다. 원한경의 아들 원일한(H. G. Underwood, 元一漢)도 참전하였다. 1945년, 일본이 패망하자 미군정의 고문으로 한국에 돌아온 그는 이원철, 백낙준 등과 함께 앞장서서 연희전문학교를 되찾았다. 그러나 원한경은 교장직을 사양하였다. 1946년 연희전문학교가 연희대학교로 승격되자 명예총장 겸 이사로 활동하였다.

해방 후의 좌우익 대립의 혼란 속에서 원한경의 부인 와고너(Ethel Van W. Underwood, 1888~1949)가 좌익계 괴한들에게 피격당하였다. 그 충격으로 심장병을 얻은 원한경은 치료를 위해 가족과 함께 미국으로 갔지만, 한국에서 전쟁이 발발했다는 소식을 듣고 도움이 될 일을 찾아 다시 한국으로 돌아왔다. 그는 부산의 임시거처에서 민간 고문으로 활동 중 1951년 심장마비로 별세하였다.

한경관

연세 캠퍼스에는 아직도 곳곳에 원한경의 흔적이 남아 있다. 먼저 원한경의 이름을 딴 한경관이 있다. 연전 시절인 1940년에 십자가 모양으로 식당 겸 채플 강당으로 건립하였고, 해방 후 증축하면서 '한경관'으로 명명하였다. 정면 입구 상단에 새겨진 '漢慶館' 글씨는 당시 부통령 이시영(李始榮)이 썼다. 원한경 부부의 흉판은 언더우드관 로비에 있다. 신촌 캠퍼스 서쪽 한편에 위치한 그의 사택은 1927년에 신축하여 기거하던 곳으로, 1974년 원일한이 부근 땅 만여 평과 함께 학교에 기증하였다. 현재 이 건물은 "언더우드가(家)기념관"(국가등록문화유산)으로 조성되어 언더우드 가문의 헌신적인 공로를 기념하고 있다.

또한 별세 후에 세워진 묘비(양화진 묘소)는 후에 새것으로 교체될 때, 학교로 옮겨와 언더우드가기념관 뜰에 있다.

원일한, 다시 그 소명을 이어

원한경은 큰아들 원일한을 비롯하여 3명의 아들과 1명의 딸을 두었다. 원일한은 뉴욕의 해밀턴대학을 졸업하고 장로회 선교사 신분으로 조선으로 돌아왔다. 연전에서 영어 강사로 근무하였다. 일제 말기 아버지와 함께 추방되었고, 미국에 돌아간 후 미 해군에 복무하며 제2차 세계대전에 참전하였다.

6·25전쟁이 발발하자 원일한, 원요한, 원득한 등 원한경의 아들 3형제가 참전하였다. 특히 원일한은 미 해군 소속으로 참전하여 연합군 측의 수석 통역관으로 활동하였다.*

* 북한 쪽의 통역관은 연전 문과(1932~1937) 출신으로 미국 유학을 다녀왔던 설정식이었다.

원일한은 6·25전쟁이 끝난 후 연희대학교의 복구와 재건에 앞장서서 활동하였다. 할아버지와 아버지의 모교이기도 한 뉴욕대학교에서 교육학으로 석사학위를 마치고 한국에 돌아와, 1976년까지 교육학 교수로 그리고 2004년까지 이사로 봉직하였다. 4.19가 일어난 1960년에는 연세대학교 총장서리로 활동하였고, 또 1964년부터 1974년까지는 도서관장으로 봉직하였다.

원일한은 앞서 본 사택을 학교에 기부하였을 뿐 아니라 집안에 보관해오던 언더우드 유물과 원한경 유물을 모두 학교에 기증하였다. 왕실로부

사인참사검(四寅斬邪劍, 조선)

터 받은 손거울, 금팔찌 등 학교사 및 기독교 역사 연구에 필요한 귀중한 자료이다. 더불어 동생 원득한도 언더우드 서거 100주기를 맞아 언더우드가 고종으로부터 받은 사인검(四寅劍)을 기증하였다.

4대에 걸친 한국사랑

원일한의 장남 원한광(H. H. Underwood II)은 원일한 가족이 미국에 체류 중이던 1943년에 태어났다. 뉴욕주립대학에서 박사학위를 받은 그 역시 1976년부터 2004년까지 연세대학교에서 근무하였다. 2남 원한웅(W. D. Underwood)은 6.25전쟁으로 가족들이 일본에 거주하던 1953년에 일본에서 태어났으며, 미국 오클라호마의 지리탐험대에서 활동하고 있다. 막내인 원한석(Peter A. Underwood)은 원일한의 유학 시절인 1955년 뉴욕에서 태어나 현재 서울에 유일하게 남아, 연세의 법인 이사로 봉사하고 있다.

언더우드 후손(언더우드 서거 100주기, 2016)

14

윤동주와 무궁화

윤동주(尹東柱, 1917~1945)는 한국인이 가장 사랑하는 시인 중 한 명이다. 연세 교정을 방문하는 많은 사람은 '윤동주 시비'를 찾는다. 시비를 중심으로 윤동주가 연전을 다닐 때 기숙했던 핀슨관(윤동주기념관)과 어울려져 문학동산이 꾸며져 있다.

「서시」

죽는 날까지 하늘을 우러러
한 점 부끄러움 없기를

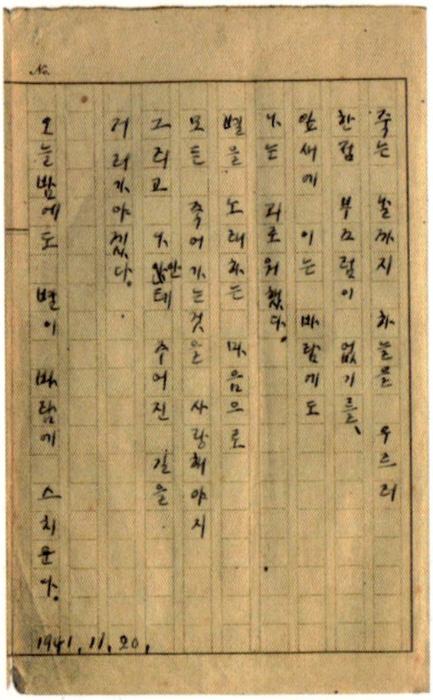
죽는 날까지 하늘을 우러러
한점 부끄럼이 없기를,
잎새에 이는 바람에도
나는 괴로워했다.
별을 노래하는 마음으로
모든 죽어가는 것을 사랑해야지
그리고 나한테 주어진 길을
걸어가야겠다.

오늘밤에도 별이 바람에 스치운다.

1941. 11. 20.

「서시」 육필 원고

이렇게 시작하는 「서시」는 한국인이 가장 애송하는 시의 하나이다. 윤동주는 연전 졸업반 시절 자신의 시를 모아 시집을 발간하고자 할 때, 시집의 맨 첫 부분에 이에 걸맞는 시를 지었다. 본래 제목이 없었으나, 시집 첫 머리에 놓였기에 어느 틈에 「서시」가 되었다. 교내 문학동산 '윤동주 시비'에 육필 원고를 그대로 새겼다.

윤동주 시비

윤동주

용정 명동촌에서 민족교육을 받다

윤동주의 선조는 함경도 종성에 살다가, 증조부 윤재옥이 1886년에 두만강 건너 북간도로 건너가 화룡현 명동촌으로 정착하였다(1900). 아버지 윤영석은 명동학교 교사였다. 이 지역의 학교는 민족적 성향이 강하였다. 윤동주는 명동학교와 용정의 은진중학교, 평양의 숭실학교를 거쳐 다시 용정의 광명중학에서 수학하였다. 그는 숭실학교 재학 시절에 시를 여러 편 지었고, 동주(童柱), 또는 동주(童舟)라는 필명까지 만들어 『가톨릭소년』에 작품을 발표했다.

우리말을 공부하고 시를 썼던 연희전문

윤동주는 1938년 연전 문과에 입학하였다. 용정에서 일본어로 교육받다가 서울에 온 그의 눈에 연전은 자유로운 천지였다. 여름방학에 용정으로 돌아간 그는 용정광명중학 4학년 학생이던 후배 장덕순(張德順, 연전 문과 졸업, 후에 서울대 교수)에게 이렇게 이야기했다. "만주 땅에서는 볼 수 없는 무궁화가 캠퍼스에 만발했고, 도처에 우리 국기의 상징인 태극 마크가 새겨져 있고, 일본말을 쓰지 않고, 강의도 우리말로 하는 '조선문학'도 있다."

백양로 돌계단에 앉아 있는 윤동주(앞줄 오른쪽에서 2번째)

연전에서의 학업은 윤동주의 시를 더욱 값지게 만들었다. 그가 연전에 들어와 처음 쓴 시는 「새로운 길」이다. 윤동주가 4학년 때인 1941년 고종사촌이자 연전 문과의 문예부장이던 송몽규(宋夢奎, 1917~1945)가 편집한 학생회지 『문우(文友)』에 실렸다.

스팀슨관 현관, 언더우드관 태극문양

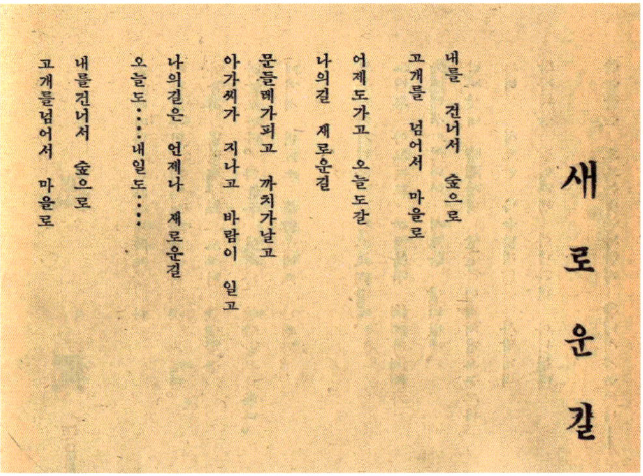

새로운 길

내를 건너서 숲으로
고개를 넘어서 마을로

어제도 가고 오늘도 갈
나의 길 새로운 길

문들레가 피고 까치가 날고
아가씨가 지나고 바람이 일고

나의 길은 언제나 새로운 길
오늘도……내일도……

내를 건너서 숲으로
고개를 넘어서 마을로

『문우』 2호에 실린 「새로운 길」(1941)

일본 감옥에서 순국

졸업이 다가올 때, 윤동주는 「또 다른 고향」, 「별 헤는 밤」, 「길」 등을 지었다. 그는 18편을 추려 한 권의 시집으로 묶었다. 1941년 11월 20일에 「서시」를 지어 시집 첫머리에 실었다. 그는 시집에 『하늘과 바람과 별과 시』라는 제목을 붙이고, 77부 한정판으로 출판하려 하였다. 그러나 이 시집을 읽어본 이양하 교수는 출판을 보류하라고 권했다. 검열을 통과하기 힘든 작품들이 있고, 윤동주의 신변에 위험이 따를 것을 걱정했기 때문이었다.

윤동주는 이 시집을 원고지에 손으로 써서 3권을 제작하여 이양하 교수에게 한 권을 드리고, 같은 하숙집에 살며 문학을 이야기했던 1년 후배 정병욱(鄭炳昱, 후에 서울대 교수)에게 한 권을 맡겼다. 나머지 한 권은 본인이 품에 안고 일본으로 유학을 떠났다. 이때 「참회록」을 썼다.

송몽규

일제는 전쟁에 동원할 인력 충원을 위해 1941년 1월에 조선교육령을 일부 개정하여 전문학교의 수업 연한을 3개월 줄였다. 이에 따라 윤동주는 일찍 졸업하고, 1942년 4월, 성공회에서 운영하는 릿쿄대학(立敎大學) 영문과에 입학하였다. 일생의 단짝이었던 그의 고종사촌 송몽규는 교토대학에 유학하였다. 윤동주는 1942년 10월 1일 학내 분위기가 조금 자유로웠던 도시샤대학(同志社大學) 영어영문학 전공에 편입하였다. 이듬해 7월 14일 일본 경찰에 체포되었다. 하숙집과 식당까지 미행하던 형사에게 송몽규와 하던 이야기가 도청되어, '교토에 있는 조선인 학생 민족주의 그룹 사건'이란 죄명이었다.

후쿠오카 형무소에 수감된 지 1년도 채 못 된 1945년 2월 16일 윤동주는 세상을 떠났다. 생체실험을 당했다고 한다. 그의 나이 겨우 28세였다. 시신은 용정으로 돌아와 3월 6일 고향집 앞마당에서 장례식을 치르고, 용정 뒷산 공동묘지에 묻혔다. '시인 윤동주지묘'라고 쓴 비석이 세워졌다. 장례식에서는 연전 4학년 때 『문우』에 발표했던 「자화상」과 「새로운 길」이 낭독되었다. 얼마 후 같이 체포되었던 송몽규도 옥중에서 순국하였다.

시집 출간

윤동주의 육필 원고를 받은 정병욱은 징병에 끌려가면서 그것을 고향집에 숨겨 두었다. 그후 1948년, 최현배 교수가 관계하던 정음사에서 시집으로 출판하였다. 윤동주의 육필 원고(국가등록문화유산)는 후손이 학교에 기증하였다.

2020년 학교는 윤동주의 시심을 같이 느낄 수 있게 육필 원고를 그대로 영인하고 현대문과 같이 엮어 『하늘과 바람과 별과 詩』로 펴냈다. 연세 후배들이 성금을 모아서 세운 윤동주 시비와 함께 이 시집은 연세인뿐 아니라 우리 국민 모두에게 하늘을 우러러 한 점 부끄럼이 없기를 바라며 살았던 시인의 모습을 전해줄 것이다.

연전의 무궁화

일제 하의 연전은 우리 겨레의 학문과 정신을 간직한 민족의 대학이었다. 국어학과 역사학, 문학 분야의 연구와 강의를 통하여 민족의 정신을 키우고 가르쳤다. 여러 건물을 신축하면서는 태극 문양을 곳곳에 새겼고, 또한 건물의 주변에는 무궁화로 정원을 조성하였다.

연세 동산에 무궁화가 만발한 것은 당시 기독교계의 원로였던 남궁억(南宮檍, 1863~1939)의 공로였다. 독립협회 등에서 활동했던 남궁억은 일제하에서는 우리 민족을 상징하는 무궁화를 전국에 보급하는 운동을 하였다.* 민족 학문의 중심이었던 연전 교정에도 당연히 이 무궁화가 심어졌다. 윤동주가 자랑한 그 무궁화이었을 것이다.

남궁억은 십자당(十字黨)을 조직하여 활동하였는데, 이로 인해 구속되었다가 옥고 후유증으로 사망하였다. 그는 연전에 대학 최초로 박물관이 만들어지자, 상평통보, 우표 등 자신의 애장품을 기증하였다. 그가 작시한 "삼천리 반도 금수강산"은 찬송가(580장)로 불리고 있다.

무궁화가 수명이 길지 않았던 점에서 당시의 무궁화는 찾을 수 없지만, 오래된 것으로 추정되는 무궁화가 유억겸기념관 남쪽에 남아 있다. 지금도 이를 이어가기 위해 교정에 많은 무궁화를 키우고 있다.

특히 백양로 끝자락 돌계단 주위는 '무궁화동산'으로 조성하였다. 이 동산의 무궁화는 남궁억이 활동했던 강원도 홍천의 모곡교회 무궁화 동산에서 분양받은 것이다.

이 돌계단의 중앙에는 "Donated by Korean-Friends in New York 뉴욕에 있는 우리 겨레로부터 붙여 줌 1927"이라고 새긴 지석에 태극 문양도 선명하게 새겨져 있다. 한글 운동을 이끌었던 정인보 선생과 최현배 선생은 Korean-Friends를 순수 우리말인 '겨레'로 해석하였다. 윤동주가 친구들과 함께 돌계단에 앉아 찍은 사진이 남아 있다. 무궁화동산 속의 돌계단에 앉아 윤동주를 그려볼 수 있다.

백양로 돌계단 옆에 조성된 무궁화동산

15

연세 정신을 실천한 분들

백양로 중앙 서편에 동문광장이 있다. 백양로에서 백양누리로 내려가는 계단의 오른편으로 연세 정신을 빛낸 네 분의 흉판이 있다. 처음 선정된 윤동주를 비롯하여 이태준, 현봉학, 정석해 등이다. 물론 이들 외에도 연세 정신을 빛낸 분들이 너무 많다.

이태준, 몽골의 어의

경남 함안 출신의 이태준(李泰俊, 1883~1921)은 독립운동에 종사하였고, 몽골 국왕의 주치의로 몽골 혁명운동에도 참여하였다. 1907년 늦은 나이에 세브란스의학교에 입학하여 1911년에 졸업하였다. 재학시절 안창호의 권유로 청년학우회(靑年學友會)에 가담하였고, 졸업 후 세브란스의학교 1회 졸업생 김필순(金弼淳, 1878~1919)과 함께 중국에 망명하였다.

남경에 있던 이태준은 1914년 무렵, 김규식의* 권유로 몽골의 고륜으로 갔다. 그곳에서 동의의국(同義醫局)이라는 병원을 개업하였다. 특히 그는 당시 몽골인의 70%가 걸렸던 성병 치료에 탁월했다. 근대적

* 김규식은 언더우드학당 출신의 독립운동가였고, 이태준은 그의 사촌 여동생 김은식과 결혼하였다.

의술을 펼치면서 인정을 받은 이태준은 몽골 왕국의 보그드 칸(Bogd Khan)의 어의(御醫)가 되었다. 1919년 7월, 몽골 국왕으로부터 '귀중한 금강석'이란 뜻을 가진 '에르데니-인 오치르'라는 명칭의 국가훈장을 받았다.

이태준은 독립운동을 적극적으로 도왔다. 장가구(張家口)에 십전의원(十全醫院)을 개업한 김현국(金賢國, 1916년 세브란스 졸업)과 긴밀히 연락하면서 장가구와 고륜 사이를 오가는 애국지사들에게 편의를 제공하였다. 또한 신한청년당 대표로 파리강화회의에 파견되는 김규식에게도 독립운동 자금을 지원하였다. 러시아가 상해임시정부를 지원하며 보낸 40만 루불의 운송에도 관여하였다. 그러나 러시아 혁명 이후의 혼란 속에서 러시아 백군파가 고륜을 점령한 이후 피살되었다.

1990년 대한민국 건국훈장 애족장이 추서되었다. 연세 의료원이 몽골에 의료 봉사를 하면서 이런 사실들이 알려지게 되었고, 2000년에 몽골 울란바토르에 기념비를, 2001년에는 기념공원을 몽골 정부와 본교 의료원, 총동문회의 후원으로 세웠다.

현봉학, 한국의 쉰들러, 박애주의자

현봉학(玄鳳學, 1922~2007) 박사는 우리에게 1950년 12월 말, 흥남 철수 시에 10만 명의 피난민을 남으로 오게 한 '한국의 쉰들러'로 유명하다. 그는 연세 정신에 충실한 의사였고, 일생 박애 정신을 실천하였다.

현봉학은 어릴 때부터 기독교 신앙 속에서 성장하였다. 1941년 세전에 입학하였다. 스승들의 기독교 정신에 입각한 의료인의 자세를 배우고, 이를 자신의 생활 좌표로 삼았다. 해방 후, 1947년 9월에 미국 버지니아 주립대에 유학하였고, 1950년 2월에 세브란스의대에 임상병리학을 처음 도입하여 강의하였다.

6·25전쟁이 발발하자 피난하여 대구의 동산병원에서 근무하다가 미군 25사단, 해병부대의 통역관, 그 후 미군 10군단 민사부 고문이 되었다(사령관 알몬드 소장). 중공군의 참전으로 흥남 지역에 있던 미 10군단도 철수하였는데, 현봉학은 알몬드 소장에게 군인뿐 아니라 흥남, 함흥 지역의 기독교인도 피난시켜야 한다고 설득하였다. 그리하여 이들을 수송선 11척으로 거제도로 성공적으로 피난시켰다.

1953년 3월, 다시 미국으로 유학하여 1959년 펜실베니아대학에서 박사 학위를 취득하였다. 미국에서 의사로 활동하면서 모교에 초빙교수로 오기도 하였고, 1991년 명예 이학박사 학위를, 1996년 제1회 연세의학대상(학술)을 받았다. 1981년 이후 중국 연변 지역을 지원하는 사업을 행하였고, 특히 윤동주기념사업을 시행하여 윤동주의 묘지도 단장하고, '시인 송몽규기념사업'도 하였다.

현봉학의 박애주의 정신은 가정에서, 그리고 세브란스 재학시절 스승의 교육 등으로 형성되었다. 그의 표현대로, 이는 연세대학교의 창립 이념이기도 하며, 또한 "겨레와 인류에 이바지하는 인재를 양성"하며, 이를 위해서는 "상호 이해와 존경 그리고 협동 정신을 바탕으로 지도자의 자질을 갖춘다"는 연세 의대의 교육이기도 하다.

정석해, 민족과 민주화를 위해

정석해(鄭錫海, 1899~1996)는 평북 철산의 기독교 집안에서 태어나고, 철산 명흥학교, 선천 신성학교에 다녔다. 신성중학 재학 중 자질이 부족한 교사를 배척하는 동맹휴학을 일으켰다가 퇴학당하였다. 1916년

하반기에 평북 창성 대유동의 교회 부설 사립 소학교 교사를 지내다가 바로 상경하여 1917년 연전 문과에 입학하였다.

연전에서는 YMCA에 가입해 활발히 활동했다. 연전YMCA 회장은 김원벽으로, 그는 3·1운동 당시 학생들을 지도하고, 만세 시위를 주도하였다. 정석해는 연전YMCA 사교부장으로 만세 시위에 참여하여, 3월 1일, 탑골공원 시위에도 참여하였다. 3월 5일 서울역 앞 만세 시위에서는 독립선언서를 등사하는 일을 맡았다. 이후 일본 경찰들이 계속 수색하자 이를 피해 고향으로 갔다가 3월 18일 압록강을 건너 단동으로 갔다. 만주에서도 독립운동에 참여하였고, 1920년 5월에 상해로 가서 안창호로부터 감화를 입어 흥사단에 가입하였다. 이후 유럽으로 유학하고, 그곳의 독립운동에도 일익을 담당하였다.

해방 후 연희대학 철학과 교수가 되었다. 1960년, 4·19혁명에 가담하여 교수단의 시국선언을 주도하였다. 4월 25일, 서울대 교수회관에서 각 대학 교수 궐기대회를 개최하고, 정석해는 임시의장이 되었다. 이날의 궐기대회에서 교수단은 이승만의 퇴진을 결의하고, 이어서 "학생의 피에 보답하라"라는 플래카드를 들고 가두 행진 시위를 벌였다. 학생들의 호위 속에 국회의사당 앞에 모여 시국 선언서를 낭

윤동주, 이태준, 현봉학, 정석해 흉판(동문광장)

독하고 정석해의 선창으로 '대한민국 만세', '민주주의 만세'를 불렀다. 이 시위는 이승만이 하야하는 데 큰 힘으로 작용하였다.

이후에도 정석해는 민족적, 민주적 활동을 이어갔다. 1965년 한일협정 조인비준 반대운동에도 참여하였다. 그는 7월 한일기본조약의 국회 비준을 앞두고 전국 17개 대학 전현직 교수 354명이 결성한 "한일협정 비준 반대 교수단"이 집행위원이 되었다. 박정희의 장기 집권이 진행되자 1971년 4월, 민주수호국민협의회에 학계 대표로 참가했다, 유신체제 아래에서는 1974년 민주회복국민회의 고문으로 참여하여 민주화를 위해 노력하였다.

세브란스 1~2회 졸업생

1908년에 졸업한 세브란스 1회 졸업생들은 선구적인 의료인이면서, 대부분은 나라를 되찾기 위해 낯선 땅 중국으로 건너가 독립운동에 헌신하였다. 위의 이태준과 마찬가지로 그들은 개인이 아니라 나라를 살리려 했던 점에서 진정한 대의(大醫)였다.

김필순은 학교를 위해 큰 역할을 할 것으로 기대되었으나 민족운동에 헌신하였다. 신민회에 가입하였고, 105인 사건으로 곤욕을 치렀다. 1911년 말 중국으로 망명하였다. 그는 통화현에 정착하여 적십자병원을 열고, 병원 수입을 모두 조선독립군의 군자금으로 기부했다. 통화 지역이 일제의 위협을 받자 내몽골 치치하얼로 옮겨 병원을 열고 조선인을 위한 이상촌 건설을 시작하였다. 중국 각지에 흩어져 있던 조선 청년들을 이상촌에 모아 독립군 양성의 거점으로 삼기 위한 것이었다. 병원 운영과 함께 독립운동을 활발히 펼치던 김필순은 1919년 9월 1일 의문의 죽임을 당하였다.

박서양(朴瑞陽, 1885~1940)은 백정의 아들로서, 그의 아버지 박성춘은 만민공동회에서 연설한 것으로 유명하다. 박서양은 졸업 후 학교에 남아 화학, 외과학 등을 담당하여 가르쳤다. 그러다가 1917년 무렵 학교 교수직을 그만두고 간도로 건너가 구세병원, 숭신학교를 세웠다. 또한 대한국민회 군사령부의 군의로 활동하는 등 간도 지역의 여러 항일단체에서 활동하였다. 그러나 자신이 세운 숭신학교가 폐교되고, 일본이 직접 만주를 지배하면서 간도에서의 활동이 여의치 않자 1936년 다시 귀국하였다. 귀국 후 수색에서 개원하여 진료 활동에 전념하다 55세의 나이로 세상을 떠났다.

신창희(申昌熙, 1877~1926)도 중국으로 망명하여 독립운동에 투신했다. 그는 국경도시 단동에 평산의원을 열고 신한청년당의 당원이 되어 상해 임시정부 요원으로 활동하였다. 1922년 초반에 상해 임시정부 군의로 활동하는 한편 상해에서 대한적십자회 상의원으로도 활동하였다. 이후 동몽골로 이주하여 활동하다가 1926년 현지에서 폐렴으로 운명하였다.

주현측(朱賢則, 1883~1942)은 졸업 후 고향인 선천에서 인제의원을 열었다. 신민회에 가입하여 기독교 민족주의 운동에 참여하였으며, 105

인 사건에 연루되어 옥고를 치렀다. 석방 후 병원을 다시 열었지만, 국내 상황이 어려워지자 단동으로 건너가 국내와 임시정부 사이의 연락 업무를 담당하는 등의 활동을 했다. 상해를 거쳐 1922년 천진으로 옮겨 흥사단 조직의 확대에 전념하였고, 1925년 귀국하여 선천에 병원을 다시 열고 다양한 사회활동을 하였다. 1937년에는 수양동우회 사건으로 구속되어 옥고를 치르고 나왔고, 1942년 다시 미국 선교사를 통해 상해 임시정부에 군자금을 보낸 사실이 탄로나 검거된 후 고문으로 순국하였다.

세브란스의학교 제1회 졸업사진(1908)

16

연세 국학의 정신을 담아

일제 하의 연전은 우리 민족의 문화를 연구하는 본산이었다. 이런 전통 위에서 해방 이후 새로운 국가사회에 걸맞은 민족문화를 세우고자 하였고, 또한 이런 전통을 교정 곳곳에 세웠다. 한글탑, 국학자 흉상, 백낙준 좌상, 그리고 대강당의 천·지·인 삼재(三才) 표식 등이 그러하다.

해방 후 연세의 한국학으로

해방 후, 연희대학으로 출발하면서 일제하에 축적된 민족문화 연구를 계승하였다. 1948년 12월에 국내 최초의 한국학 연구기관인 '동방학연구소'를 설립하였다. 한국문화와 이에 관련 있는 외국 여러 민족의 문화, 특히 북방 민족의 문화를 종합적으로 연구하여 한국의 전통문화와 학문을 계승 발전시키는 것이 그 목표였다. 이 연구소는 1954년 3월에 국내 최초의 대학 학술연구지인 『동방학지』를 창간하였다.

한글 연구도 계속 이어갔다. 최현배 외 김윤경, 장지영, 허웅 등이 국어학 연구를 주도하였다. 한글 전용과 한글 가로쓰기에 관심을 기울이며 앞장서서 실행하였다. 또 국어사전 편찬사업에 매진하여 『연세한국어사전』, 『연세현대한국어대사전』 등을 간행하였다. 한국어학당을 설립하여(1959) 외국인에게 한글을 가르치는 노력도 지속하고 있다.

연세 한글탑(제1공학관 옆)

연세 한글탑

캠퍼스 중앙에 한글 자모의 모양을 딴 한글탑(작가 저뢰지)이 있다. 연세의 한글 사랑과 연구를 이어가기 위한 것이다. 한글탑의 명문은 다음과 같다.

> "연세는 진리와 자유의 이념 아래 어려운 역사 속에서도 몸과 마음을 바쳐 우리 말과 글을 갈고 지키고 폄으로써, 나라 사랑과 학문의 정신을 드높임에 크게 이바지하여 왔다. (…) 한글의 슬기와 연세의 이상이 넘치도록 힘쓸 것을 다짐하는 뜻으로 이 탑을 세운다."

한글탑은 크게 세 부분으로 이루어졌다. 한글 자모로 윗부분은 'ㅇ', 탑신 부분은 'ㅅ'을 사방으로 세워 평면도 상으로는 십자가 모양이다. '연세'의 첫 자음의 모양이다. 그리고 아래는 기단을 5단으로 쌓았다. 한글탑의 전체 구조는 전통적인 탑을 구성하는 상륜부, 탑신부, 기단부로 나눈 것이다. 그리고 이 의미는 한글의 구성 원리이기도 한 '천·지·인', 곧 삼재(三才)를 의미하고 있다. 이 삼재를 원리로 하여 통재교육을 행하였고(이 책 10장), 대강당의 중앙 정면 상단에 그 형상을 만들었다.

한글탑은 1992년에 중앙도서관 앞 광장에 세웠다. 그러다가 백양로 공사 때문에 현재의 위치(공학관 북쪽 광장)로 옮겼다(2015). 그런데 옮기는 과정에서 다섯 단으로 된 기단부가 망실되었다. 기단부는 삼재의 '지'(地, 학문으로는 자연과학을 의미)에 해당하는데, 이 의미를 잘 알지 못한 것이 안타깝다.

백낙준 동상

백낙준 동상(중앙도서관 앞)

백낙준 총장의 좌상은 도서관 앞에 있다(1987). 원래 백낙준을 기념한 건물은 옛 도서관(용재관)이었다. 이 용재관은 연세로 통합한 직후, 졸업생, 학부모의 성금에 의해 건립된 것이다(1957). 도서관은 1979년, 현재의 도서관을 새로 지어 옮겼다. 백낙준 동상도 연세 학문의 상징이라는 차원에서 자연스럽게 도서관 앞에 세운 것으로 보인다. 옛 용재관은 헐리고(2012) 그 자리에 세워진 경영관 안에 백낙준홀을 만들어 기념하고 있다.

다시 새겨보는 국학자

정인보 흉상(위당관 앞)

정인보 : 시조 시인으로도 유명한 정인보는 단재 신채호의 역사학을 이어 1930년대 민족주의 역사학자로 활동하였다. 학교에서는 조선 문학을 가르치면서 조선사를 곁들였다. 가학으로 양명학을 이어받아, 실심(實心)과 실지(實地)의 학문을 주장하였다. 그는 다산 정약용의 학문을 조선학의 집대성자로 보여, '조선학 운동'을 주도하였다. 우리 역사에 대해 1935년 『동아일보』에 「5천 년간 조선의 얼」이라는 글을 장기간 연재하였다(해방 후 『조선사연구』(상, 하)로 간행). 우리 역사를 '얼'이 나타나고 사라지는, 또 강했다가 약해지는 과정으로 정리하였다. 그는 일제가 펴낸 역사책을 보고, 이를 "언제든지 깡그리 없애버리리라"는 뜻을 품고 이 글을 썼다. 해방 후에는 국학대학 학장, 정부의 감찰위원장을 지냈으며, 6·25전쟁 때 납북되었다. 정인보 흉상은 그의 아호를 딴 위당관 앞에 있다.* 흉상의 명문은 그의 연전 시절 제자 민영규(1915~2005, 사학과) 교수가 썼는데, 정인보의 학문적 계통(실학과 양명학)과 의의를 압축적으로 표현하였다.

* 1994년 설립 당시에는 지금의 외솔관 앞에 있었으나, 2000년대 들어 문과대 건물 이름을 외솔관, 위당관으로 명명하면서 이에 맞추어 외솔 흉상과 위치를 서로 조정하였다.

"다산이 그렇고 성호가 그렇고 그리고 하곡 원교 초원 담헌 석천 등이 역시 모두 그러해서 수삼 세기 동안 지하를 복류해야만 했던 선학들의 슬픈 사연을 몸으로 감당하시고 지표로 광복하신 이가 바로 선생 당신이시다."*

다산 정약용, 성호 이익, 하곡 정제두, 원교 이광사, 초원 이충익, 담헌 홍대용, 석천 신작 등은 모두 조선 후기의 양명학, 실학을 이어온 학자들이었다.

홍이섭 흉상(외솔관 입구)

홍이섭 : 홍이섭은 배재고보에서는 문일평에게, 연전 문과에서는 정인보, 손진태, 백낙준에게 배웠다. 일제 말기의 젊은 나이에 『조선과학사』라는 대작을 펴냈다(1944). 그는 과학사를 통하여 우리 역사의 발전을 규명하였는데, 정인보의 민족사학을 바탕으로, 백남운의 사회경제사와 수물과에서 펼쳐지던 서양 과학에 관한 지식도 결합하였다. 해방 후 국학대학, 숙명여대를 거쳐 연대 교수로 활동하였고, 연전 시절부터 관심을 가졌던 다산 정약용의 정치경제 사상을 정리한 저술을 간행하여 연세 국학의 한 줄기를 이룬 조선 후기 실학 연구를 계승, 발전시켰다. 홍이섭 흉상은 문과대 외솔관 출입문 입구에 있다. 본래는 윤동주 시비 아래쪽에 있었는데, 이 구역을 윤동주 문학동산으로 정비하면서 옮겼다. 명문은 아래와 같다.

"육십 평생 이 민족의 역사를 꿰뚫어 밝히고 민족의 앞날을 한시도 잊은 적이 없으셨다. 선생의 학덕을 우러러 기리는 마음마다 님의 유지를 이으리라."

최현배 흉상(외솔관 입구)

최현배 : 최현배는 교토대학 출신으로, 대학 졸업을 기념하여 쓴 「조선 민족 갱생의 도」를 동아일보에 연재하여 많은 주목을 받았다(1926). 연전에서는 철학, 교육학을 강의하면서도 조선어 강의를 맡았다. 그는 일제 초기 주시경에게 한글을 학문적으로 배웠고, 이를 기반으로 『우리말본』과 같은 책을 간행하였다. 일제 말기 흥업구락부 사건(1938)으로 강제 퇴임했지만, 도서관 직원으로 다시 채용되었다가 1942년에 다시 '조선어학회 사건'으로 투옥되었다. 해방 직후에 풀려나 국어 교육, 교과서 편찬 등에 관여하였다. 학교에서 발간하던 『연세춘추』가 일찍부터 한글 전용, 가로쓰기를 채용한 것은 최현배의 영향에서 가능하였다. 흉상은 외솔관으로 오르는 비탈의 입구에 있다. 명문에는 『우리말본』 머리말 일부가 새겨져 있다.

> "한 겨레의 문화 창조의 활동은 그 말로써 들어가며 그 말로써 하여 가며 그 말로써 남기나니 조선말은 조선 사람의 창조적 활동의 말미암던 길이요 연장이요 또 그 성과의 축적의 끼침이다."

김윤경 흉상(노천극장 앞)

김윤경 : 연전 문과 1회 졸업생으로, 졸업 후 일본에서 역사를 전공하였다. 배화여학교 교사로 지내면서 국어 문자사, 국어학사를 연구하였다. 『조선문자 및 어학사』(1938), 『나라말본』(1948) 등이 그의 대표적 저서였다. 1920년대에 학생 계몽운동을 주도하였고, 흥사단에 가입하여 활동하다가 수양동우회 사건으로 투옥되었다. 한글 보급과 강습 및 조선어사전 편찬 등에 참여하였고, 후에 '조선어학회 사건'으로 고초를 겪었다. 해방 후 연희대학에 부임하여, 학교 환수 작업에 참여하였다. 1950년 연희대학교에 대학원을 개설하자 첫 대학원장을 지냈다. 백낙준이 문교부 장관으로 부임하자 연희대학 총장서리를 지내기도 하였다. 노천극장 입구에 있는 흉상에는 한글 반포 오백돌을 기념하는 자리에서 행한 강연 내용의 일부를 새겼다.

"한 민족의 흥망성쇠는 그 민족의 가진 문화의 소장성쇠에 정비례하고 문화의 소장성쇠는 민족의 문자의 있고 없음과 좋고 언짢음에 정비례한다."

17

새 시대 여성을 키운 자취

일제 하의 연전이나 세전에는 여학생이 입학할 수 없었다. 그러나 근대화 과정에서 여성의 역할을 너무나 중요하였고, 선교사들은 여성 교육을 위해 노력하였다. 연세의 첫 여성 교육은 1906년 9월 쉴즈(E. L. Shields, 1868~1941, 秀日斯)가 개설한 세브란스병원 간호원양성소였다. 또한 1920년대에도 연전은 여자대학을 만들려고 노력하였다. 여성 교육은 1946년 8월, 연희대학교가 남녀공학이 되면서 본격화되었다. 교정에는 여성 교육을 나타내는 건물과 역사의 흔적이 서려있다.

남녀공학 시작

1946년 8월, '남자'로 한정했던 입학 자격 규정을 삭제하고, 이듬해 9월에 처음으로 10명의 여학생이 입학하였다(졸업은 7명). 김혜선(사학), 김염, 민순기, 이정현(영문), 김순동(경제), 최귀덕(신학), 박찬우(정외) 등이었다.

초창기에는 여학생들의 학교 생활을 위한 환경이 조성되지 않았다. 특별히 여학생에게 교수식당을 이용할 수 있는 '특전'을 주기도 하였다. 백낙준 총장은 녹양회(綠羊會)라는 여학생 자치조직을 만들고 지원해 주었다. 이를 모태로 연세에는 총학생회와 별도로 총여학생회가 만들어졌다. 여학생 숫자가 많아지고, 학생 활동에서 남녀 구별이 점차 없어지면서 여학생회는 사라졌다. 여학생이 총학생회장이 되기도 하였다.

알로하

논지당

알로하와 논지당, 미우학사

6·25전쟁 후, 서울로 환도하여 여학생을 위한 여러 시설을 만들었다. 먼저 여학생 생활관으로 알로하를 만들었다. 하와이 교포들의 희사금으로 마련된 것이어서, 백낙준 총장은 하와이 원주민 인사말인 "알로하(Aloha)"라는 이름을 붙였고, 한자로도 '閼魯厦'라고 표기하였다. 알(閼)은 박혁거세의 부인 알영(閼英)에서 따오고, 노(魯)는 고려 공민왕의 부인 노국대장공주(魯國大長公主)에서 따온 것이었다. 곧 알영이나 노국공주와 같은 '왕후'를 교육하는 큰 집(厦)이라는 의미였다.

1955년 9월, 무시험제가 시행되면서 여학생 수가 많이 늘어났다. 알로하는 지방 여학생들의 기숙사로 사용되었다. 최초의 여학생 지도교수는 심치선이었다. 그는 생활관 지도 외에 알로하 사감으로서 후배 양성에 정성을 쏟았다. 여학생이 더 늘어나자 기숙사를 따로 짓고 알로하에는 모든 여학생이 한 학기 동안 기숙하면서 생활 전반을 실습하는 생활관 형태로 운영하였다. 여학생 교육의 상징과도 같았던 알로하는 이름만 남기고 흔적 없이 사라졌다(지금의 치과병원 부근).

여학생들을 위해 마련된 또 다른 공간이 논지당이다. 1955년 11월, 백낙준 총장은 여학생들의 상호 친목과 휴식을 위한 라운지(lounge)라는 발음을 염두에 두고, "모여서 뜻을 의논하는 집"이라는 논지당(論志堂)으로 하고 '학관'(언더우드관) 옆에 신축하였다. 앞뜰에 서 있는 두 그루의 플라타너스(sycamore, 성경에는 뽕나무, 돌무화과나무 등으로 번역)의 이름을 따 'The Sycamore Hall'이라고도 불렀다. 1963년 9월 증축하여 오늘에 이르고 있다.

여학생 기숙사였던 미우관(美友館)은 이름 그대로 '미국의 친구'들이 기부하여 건립하였다. 지금은 건물과 이름도 없어졌다.

여학생의 사표

여학생들과 관련된 모든 업무를 관리하기 위해 여학생처도 설치하였다. 여학생처는 다른 대학에 없는 연세의 자랑이었다. 사무실은 논지당에 두었다. 여학생 교육을 위해 이대 교수였던 최이순(崔以順)을 초빙하여(1956) 초대 여학생처장에 보임하였다.

최이순은 매우 엄하면서도 어머니처럼 자상하여 '호랑이 선생님'이라는 별명도 있었다. 미국 유학 시절부터 평소 한복을 깨끗하고, 단정하게 차려입은 모습으로 '영원한 연세의 어머니'로 칭송받았다. 1987년 유명을 달리하면서 자신의 유해를 연구용으로 의과대학에 기증하여 큰 화제가 되었다.

심치선은 사학과를 나와 교육학과 교수로 재직하면서 연세 여성 교육에 헌신하였다. 알로하의 지도교수, 여학생처장을 지냈으며, 재직 중에 모교였던 이화여자고등학교 교장으로 부임하였다. 그 또한 돌아가시면서 자신의 유해를 의과대학에 기증하였다.

한양순은 교내에서는 체육학과 교수로, 여학생처장을 지냈다. 대외적으로는 거의 불모지나 다름없던 한국 여성체육사에 선구자적 역할을 담당한 체육인이었다.

전산초는 간호학 분야에서 가장 중요한 역할을 한 사람이었다. 1954년부터 1987년까지 간호학과의 교수와 간호대학장 등을 역임하였다. 일찍부터 인간 중심의 "전인 간호"라는 간호 이론을 최초로 주창하여, 우리나라 현대 간호학의 장을 열었다. 이런 정신을 김모임이 이어 여성 활동과 간호학 발전에 기여하였다.

여학생만을 위한 여학생처는 2000년대 초반까지 존재하였다. 여학생회가 더 이상 큰 역할을 못 하게 되면서 여학생처도 그 역사적 사명을 다하였다.

빌링슬리관과 돌의자

1964년에는 여학생을 위한 단과대학으로 가정대학을 설립하였다. '실용화하지 못하는 아카데미즘은 무용지물'이라는 기치 아래 '실용 학문'의 중요성을 강조한 최이순을 중심으로 이기열(영양학 교수) 교수 등이 의식주 전반에 걸친 학문의 실용화를 주도하였다. 최이순이 초대 학장이 되었으며 설치한 학과도 의생활학과, 식생활학과, 주생활학과였다.

가정대학은 빌링슬리관에서 기틀을 닦았다. 미 감리회 해외선교본부 총무였던 빌링슬리 여사가 1967년에 본교를 방문하였는데 여성 교육을 위해 가정대학 건물이 필요하다고 느끼고, 감리회 여선교부에 의뢰하여 15만 불을 기부하여 세우게 되었다. 빌링슬리관 앞에는 1977년에 제작한 최이순 초대 학장을 기념하는 돌의자가 있어 지금도 그 가르침을 말없이 전하고 있다. 지금 생활과학대학이 사용하는 삼성관 안에는 '최이순기념홀'이 있다.

가정대학 제1회 졸업생에게 최이순 학장이 직접 지어 준 「그대 가는 곳마다」라는 시는 아직까지 제자에 대한 사랑과 연세 여성의 가정적, 사회적 역할을 가르치는 말씀으로 남아있다.

최이순 기념 돌의자(빌링슬리관 앞)

18

청송대에 핀 문학과 음악

안산 자락의 남사면에 자리 잡은 연세 동산은 아늑한 자연 속의 사계절을 그대로 느낄 수 있다. 윤동주가 무궁화를 보고 그러하였듯이, 연세인은 푸른 숲속에서 풍부한 감성을 키우고, 이를 수많은 문학과 예술로 승화하였다. 그런 감성을 키운 보금자리가 청송대라고 해도 틀리지 않다.

청송대

연세는 소나무 숲속에 자리 잡았다. 그 가운데서도 연세인의 마음의 고향 같은 곳이 청송대이다. 맑고 향기로운 바람이 일고, 그 바람에 살랑이는 소나무의 소리를 듣는 곳이다. 청송대의 늘솔길은 우리 연세인들이 소나무같이 푸른 꿈을 키우는 곳이다. 입구에 세워진 돌에 새긴 '聽松臺' 글씨는 서예가 원곡 김기승(金基昇)의 글이다. 뒷면의 명문(銘文)은 민영규(閔泳珪, 1915~2005, 사학과 교수)가 지었다. 청송대의 정취와 역사성을 느낄 수 있다.

> "아름드리 소나무가 하늘을 덮고 오솔길 솔잎 사이로 스치는 바람 소리가 너무 고마워서 용재(庸齋: 백낙준) 선생은 말씀하셨다. 우리 여기를 청송대(聽松臺)라 이름합시다."

연전 영문학 교수였던 이양하(李歇河, 1904~1963)는 신록이 들기 시작한 연전의 숲속에서 유명한 「신록예찬」이라는 글을 썼다.

> "눈을 들어 하늘을 우러러보고 먼 산을 바라보라. 어린애의 웃음같이 깨끗하고 명랑한 5월의 하늘, 나날이 푸르러 가는 이 산 저 산, 나날이 새로운 경이를 가져오는 이 언덕 저 언덕, 그리고 하늘을 달리고 녹음을 스쳐 오는 맑고 향기로운 바람 (…) 오늘도 하늘은 더할 나위 없이 맑고, 우리 연전(延專) 일대를 덮은 신록은 어제보다도 한층 더 깨끗하고 신선하고 생기 있는 듯하다."

이양하가 사랑했던 연전의 숲, 그 「신록예찬」을 새긴 문학비가 청송대에 있다.

캠퍼스 노래로 애송된 시들

연세 캠퍼스에서 지어진 시들은 노래로 만들어져 많은 사람에게 알려졌다. 국문과 교수였던 청록파 시인 박두진(朴斗鎭, 1916~1998)의 대표작 「하늘」이 그런 것이다. "하늘이 내게로 온다 / 여릿여릿 / 머얼리서 온다"라는 구절로 시작되는 이 노래는 서정적인 선율과 함께 우리 국민들에게 사랑을 받고 있다. 맑고 푸른 가을 하늘을 올려다보며 자연과 하나가 되는 경지를 정제된 언어로 표현한 시이다.

청송대 표지석

신록예찬 문학비

박두진의 「해」는 노래로 더 널리 알려져 있다. "해야 솟아라, 해야 솟아라. 말갛게 씻은 얼굴 고운 해야 솟아라"라는 구절로 시작한다. 1980년 지질학과에 재학 중이던 조하문 등의 3인조 헤비메탈 록밴드 그룹 '마그마'가 곡을 붙여 제4회 MBC 대학가요제에 출전하여 은상을 받았다.* 지금까지도 이 노래는 학교의 응원가로 불리며 사랑을 받고 있다.

같은 해, 의대 재학생 이범용과 한명훈은 현실에서 하지 못하는 말을 꿈에서 실컷 나누자는 내용의 「꿈의 대화」를 불러 금상을 받았다.

1980년대 젊은이들의 우상 기형도(정외과)는 당시 대학을 짓누르고 있던 현실을 백양로와 돌계단, 청송대 속에서 한 편의 시로 승화하였다.

나무의자 밑에는 버려진 책들이 가득하였다. / 은백양의 숲은 깊고 아름다웠지만 / 그곳에서는 나뭇잎조차 무기로 사용되었다. / 그 아름다운 숲에 이르면 청년들은 각오한 듯 / 눈을 감고 지나갔다. 돌층계 위에서 / 나는 플라톤을 읽었다. 그때마다 총성이 울렸다. / 목련 철이 오면 친구들은 감옥과 군대로 흩어졌고 / 시를 쓰던 후배는 자신이 기관원이라고 털어놓았다. / 존경하는 교수가 있었으나 그분은 원체 말이 없었다. / 몇 번의 겨울이 지나자 나는 외톨이가 되었다. / 그리고 졸업이었다. 대학을 떠나기가 두려웠다(「대학 시절」).

박두진

박영준

연세 동산을 거쳐 간 문인들

연세가 배출한 문인들은 헤아릴 수 없을 정도로 많다. 특히 일제 하의 연전 출신은 한국의 근대 문학을 개척한 사람들이었다. 울창한 숲과 어우러진 연세의 캠퍼스가, 전통과 서구, 학문과 실용을 조화롭게 추구해 온 연세의 교육이, 그리고 민족의 해방과 자유의 이상을 노래하던 연세의 정신이 이들의 문학세계와 무관하지 않은 까닭이다.

윤동주의 사촌으로 일생의 단짝이었던 송몽규는 윤동주보다 먼저 신춘문예에 당선된 문사였고, 재학시절에는 문예반의 반장이었다. 졸업 후에 역사학을 택했지만 이마저도 이루지 못하고 윤동주와 같이 후쿠오카 형무소에서 순국하였다.

그 외 한국 근대 시조를 개척해간 이은상, 순수문학을 옹호하며 릴케의 시를 처음 번역한 박용철, 「동백꽃」과 「봄봄」의 작가 김유정, 「깃발」의 청록파 시인 유치환, 한국의 대표적 참여 시인 김수영 등은 연전에서 수학하였다. 셰익스피어의 햄릿을 국내 최초로 번역한 설정식도 연희에서 문학의 꿈을 키웠다.

박영준(朴榮濬)은 연전 재학 중에 단편 「모범 경작생」으로 조선일보 신춘문예에 당선되었고, 졸업 후 1934년 농민의 생활상을 그린 「1년」이 신동아 현상 소설 공모에 당선되었다. 이후 주로 농촌소설을 썼으며, 일제 말기에는 만주에서 살면서 용정에서 교사로 있었다. 그는 당시 일제하에서 몰락해가던 농촌과 농민층을 문학 속으로 끌어들였는데, 이런 문제의식은 당시 연전의 학문적 분위기와 다르지 않았다.*

* 박두진과 박영준의 문학비는 학교 뒷산인 안산 자락길섶에 있다.

1962년부터 시행된 연세문학상이 1977년부터 시 부문은 윤동주문학상으로, 소설 부문은 박영준문학상으로 분리되었다. 의대 출신의 시인 마종기의 이름을 건 문학상도 있다. 이런 과정을 통해 수많은 연대 출신 시인, 소설가가 배출되었다.

연세 문학, 노벨문학상으로 서다

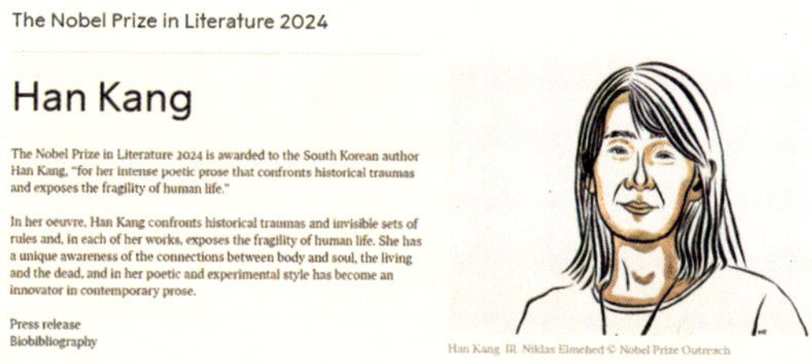
The Nobel Prize in Literature 2024

Han Kang

The Nobel Prize in Literature 2024 is awarded to the South Korean author Han Kang, "for her intense poetic prose that confronts historical traumas and exposes the fragility of human life."

In her oeuvre, Han Kang confronts historical traumas and invisible sets of rules and, in each of her works, exposes the fragility of human life. She has a unique awareness of the connections between body and soul, the living and the dead, and in her poetic and experimental style has become an innovator in contemporary prose.

Press release
Biobibliography

Han Kang. Ill. Niklas Elmehed © Nobel Prize Outreach

2024년 노벨문학상 발표문

연세 문학의 자양분 속에 성장한 소설가 한강(국문 89)은 마침내 2024년도 노벨문학상을 수상하였다. 아시아 여성으로서는 처음이었다. 한강은 4학년 재학 때 윤동주 시문학상을 수상한 시인으로 출발하여, 「희랍어시간」, 「소년이 온다」, 「채식주의자」, 「작별하지 않는다」 등 여러 편의 소설을 발표하여 일찍부터 세계 문학계의 주목을 받았다. 세계적인 '맨부커상', '메디치 외국문학상', '에밀 기메 아시아문학상' 등 여러 상을 수상하여 한국 문학을 세계에 알렸다. 2017년 윤동주 탄생 100주년을 기념하여 「윤동주와 나」라는 강연을 행할 정도로 연세 문학의 가치를 그대로 지니고 있다. 노벨평화상(2000년)을 받은 김대중 대통령을 기념하는 '김대중도서관'을 가진 연세는 이제 한강의 노벨문학상 수상으로 또 다른 자랑거리를 갖게 되었다.

근대 음악

근대화 과정에서 서양 음악이 급속하게 보급되었다. 특히 기독교계 학교에서의 서양음악 교육 등이 그 동인이 되었다. 연전 부교장 베커 교수의 부인(L. S. Becker)은 일찍이 1914년부터 채플 시간에 종교음악을 가르쳤다. 수물과 교수 루퍼스의 부인(M. S. Rufus)은 10인조 실내악단도 만들었다. 1918년에 김영환(金永煥)이 교수로 부임하여 문과와

상과에서 1주에 1~2시간씩 음악이론과 합창연습 등의 음악 수업을 이끌었다. 1929년 미국 유학을 마친 현제명이 교수로 부임하여 음악 교육이 크게 활성화되었다. 연전 관현악단이 1928년 발족하여, 1929년 11월부터 관현악, 바이올린 독주, 합창, 독창 연주회가 춘추(春秋) 두 번 열렸다. 이 연주회는 1940년까지 모두 18회 지방을 순회하여 지역 사회의 음악 보급에 기여하였다.

현제명은 작곡가이면서 성악가였다. 연전 안에 관현악단, 취주악단, 합창단, 중창단 등을 조직하였다. 1932년 7월 하순에는 일본 콜럼비아축음기회사 초청으로 본교 중창단(이유선, 이양선, 신원근, 황재경)을 인솔하여 교가, 응원가, 그리고 「멍텅구리 서울구경」, 「놀아보세」, 「내말을 전해다오」 등을 레코드(유성기 음반)에 취입하였다.

현제명을 이은 박태준은 「오빠 생각」, 「동무 생각(思友)」을 작곡하였다. 연전 출신으로 서울음대 학장이 된 김성태는 「동심초」, 「한송이 흰 백합화」, 「산유화」 등을 작곡하였다. 나운영은 「아 가을인가」, 「가려나」, 「여호와는 나의 목자시니」 등을 작곡하였다. 정치외교학과 출신의 변훈은 외교관이자 작곡가로 「명태」, 「떠나가는 배」 등을 작곡하였다.

연전 음악부(1933)

19

백양로에 들리는 민주의 함성

연세 교정을 들어서면 곧은 길이 뻗어있다. 연세의 문을 들어와서, 미래와 그리고 역사를 향해가는 '새로운 길'이다. 백양로에는 한국 역사의 상처와 희망이 남아있다. 특히 해방 후 민주화와 통일을 외치면 집결하여 외치던 학도들의 함성이 그대로 남아있다.

백양로 조성

백양나무(박물관 옆)

1918년, 연전은 종로 YMCA에서 신촌 캠퍼스로 이전하였다. 교육을 위해 먼저 목조건물인 치원관을 건립하고 학교로 진입하는 길도 조성하였다. 밀러 교수의 지도로 백양나무(은사시나무)를 심었는데, 후에 이를 '백양로'라고 부르고 오늘날까지 연세를 상징하는 길이 되었다. 처음 조성할 때는 한번 꺾인 길이었는데, 해방 후에 백양로의 흙길을 포장하고 직선화하였다. 1960년대 후반에는 수명이 다한 백양나무를 베어내고 은행나무로 대체하였다. 이때 심은 은행나무가 아름드리나무로 자라 연세와 연륜을 같이 하고 있다. 백양나무(은사시나무) 몇 그루를 백주년기념관 남쪽의 백양로 옆 섶에서 기념물로 가꾸고 있다.

위당관 뒤의 외로운 무덤 2기

1945년 8월, 해방되자 9월 초에 미군이 서울에 들어왔다. 한국인들은 자치적으로 건국준비위원회를 만들고, 지역별로는 치안유지대가 활동하였다. 그러나 미군이 진주하기 이전까지는 일본군과 경찰이 무장을 해제하지 않아 간혹 충돌이 일어났다. 연전에도 연희학도대가 조직되었다(8.17). 이들은 미군이 진주하던 9월 9일 밤, 다른 학교의 학도대원들과 함께 성북경찰서를 접수하러 갔다. 그러나 이를 거부하는 일본 경찰의 총에 안기창(상과 3), 이이제(수물과 1) 두 학생이 목숨을 잃었다. 이들의 무덤은 지금도 위당관 뒤, 빌링슬리관 옆 산록에 남아 있다.

4·19 혁명

4.19. 정오 대강당 앞 전교생 집결

1960년, 이승만 정권의 장기 집권, 부정선거에 대항하여 학생, 시민들이 4.19를 일으켰다. 연세인들은 4월 19일 정오, 채플을 위해 대강당으로 모였다가 "우리 자손의 건전한 번영과 행복을 위하여 선두에 나설 것"을 결의하고, 평화적인 시위운동에 돌입하였다. 그러나 학생 시위대가 서울 중심부를 돌아 중앙청 앞에서 다시 광화문 방면으로 회전할 무렵 그들에게 집중 사격이 가해졌다. 선두가 뒤로 후퇴하는 가운데 최정규(의예)가 사망하고, 김흥수(행정) 등이 부상을 당하였다. 시위 중이던 의과대 학생들은 위험을 무릅쓰고 총탄에 쓰러진 부상자를 구호하였다. 시위대가 학교로 돌아오자, 백낙준 총장은, "연세의 아들딸들아! 너희들이 올바른 소신이 있었고, 그 소신을 발표할 용기를 가진 것을 나는 자랑스럽게 여긴다. 3·1운동 때 여러분의 선배인 김원벽 동문의 혼이 살아서 다시 돌아온 줄로 안다"라고 하며, "3·1정신을 그대로 표현할 줄로 알고 있다. 너희들이 연세의 전통을 다시 세웠으니, 후배에게 영원히 교훈이 될 줄로 믿는다"라고 격려하였다.

학생들의 희생을 보다 못한 교수들도 일어났다. 정석해(철학), 권오돈(국문), 이군철(영문) 교수 등은 서울 시내 대학 교수들에게 연락하여 4월 25일 서울대학교 교수회관에서 교수 시위를 조직하였다. 이에 앞서 연세의 교수들은 학교 식당에 모여 4.19학생 의거의 합법성과 자유당 정권에 대한 규탄 성명을 발표하였다. 이어 서울대 교수회관에 259명의 교수가 모여, 정석해 교수의 사회로 시국선언문을 채택하고 시위에 나섰다. 연세의 권오돈 교수와 성대의 변희용 교수가 높이 든 플래카드에는 "학생들의 피에 보답하라"라고 씌어 있었다. 이 교수들의 시위 후 이승만이 대통령에서 물러났다.

한일회담 반대 시위

5.16 군사 쿠데타 이후 들어선 군사정부의 한일협정에 반대하는 운동 또한 치열하게 일어났다. 학생들은 한일회담이 굴욕적이며, 민주적 외교의 원칙에 어긋난다고 비판하였다. 1964년 3월 24일 연세대 학생회는 함석헌, 장준하 등을 초청하여 시국 강연회를 개최하였다. 이 강연회는 학생회장 안성혁(행정)의 사회로 "대일 굴욕 외교 반대 시위"를 만장일치로 결의하고, 연세인의 이름으로 결의문과 선언문을 채택하였다. 이어 3천여 명의 학생들이 가방을 든 채 스크럼을 짜고 백양로를 뛰쳐나왔다. 학생들은 "매국적 한일회담을 즉시 중지하라", "평화선을 사수한다" 등의 구호를 외쳤다.

1964년 6월 3일의 한일회담 반대 시위는 서울 전역으로 확산하였고, 정부는 계엄령으로 맞섰다(6·3사태). 이 와중에 안성혁, 석진철(법학 4), 박동혁(법학 4) 등이 구속되었다. 1965년 8월 11일 한일협정비준 동의안을 국회에서 변칙적으로 통과시키자 시위는 더욱 격렬해졌다. 9월에는 정치외교학과의 서석순, 이극찬 두 교수가 교단을 떠났고, 오건환 등 두 명의 학생도 자퇴하였다. 교수와 학생들은 민주주의를 정착시키기 위해 노력하고 양심을 지켰다.

유신체제 아래의 민주화운동

1972년, 이른바 '10월 유신'이 선포되자 유신에 반대한 민주화운동이 시작되었다. 정부는 이에 맞서 '긴급조치'를 선포하였고, 긴급조치 제1호(1974.1) 위반으로 재야인사 장준하, 백기완 등이 구속되었다. 이때 고영하, 황규천, 이상철, 문병수, 김석경, 서준규, 김향 등 본교의 의대생 7명도 구속되어 군사재판에서 징역형을 선고받았다. 또한 긴급조치 제4호는 1974년 4월 전국민주청년학생총연맹(민청학련)과 관련되어 선포되었는데, 이 조치에 의해 연세에서도 여러 명의 교수와 학생들이 구속되었다. 학생들의 배후라고 지목된 김동길, 김찬국 두 교수도 구속되어 학교에서 해직되었다.

긴급조치에 대한 연세의 입장은 단호하였다. 1974년 11월 21일 연세대학교 박대선 총장은 담화문에서 "사상과 그 표현의 자유는 국민의 기본권이며 애국적인 방향에서 크게 확대되어야 함은 타당한 요구"라고 언명하였다. 아울러 "우리는 대부분 학생이 정부와 국가의 미래와 방향이 일치되기를 원하면서, 조속하고도 진정한 민주주의 구현을 바라는 것은 민족과 국가를 위한 애국적 호소임을 의심치 않는다"라고 하였다. 결국 박대선 총장은 1975년 4월, 민청학련사건 희생자들에 대한 처리 문제를 놓고 정부와 대립하다가 사임하게 되었다. 이어 서남동 교수가 1975년 6월 이른바 '학원 사태'로 해직되고, 이듬해 '3·1 민주구국 선언'에 서명하여 함석헌, 김대중 등과 함께 긴급조치 제9호 위반으로 구속되는 시련을 겪었다. 1970년대 반독재 민주화 운동은 10.26 사건(1979)으로 유신정권이 종식될 때까지 지속되었고, 이 기운은 1980년대 초, 이른바 '서울의 봄'에도 계속되었다.

6월 항쟁과 이한열

1980년 5·18 비상계엄 확대 이후, 신군부가 집권하였다. 1987년 4월, 국민의 뜻을 저버리고 직선제 개헌을 거부하는 호헌 조치로 장기 집권의 의도를 명확히 드러냈다. 호헌 조치를 반대하는 전국 교수들의 서명이 줄을 이었다. 6월 민주항쟁의 정점이 된 6월 10일의 행사도 연세대에서 열릴 예정이었다. 그런데 앞서 벌어진 6월 9일의 시위에서 이한열(경영 2)이 최루탄에 피격당해 쓰러졌다. 그가 사경을 헤매는 13일 동안 연세대 교정에서는 그의 소생을 기원하는 집회가 이어졌지만 끝내 이한열은 숨을 거두었다.

이한열 피격 표지(정문)

이한열의 죽음이 보도되자 전국은 분노로 들끓었다. 마침내 걷잡을 수 없게 증폭된 민주화의 열기가 분출되어 전국은 시위대로 가득 찼고, 이 대대적인 시위는 대통령 직선과 개헌을 내용으로 하는 '6.29선언'을 끌어냈다. 연세인 한 사람의 고귀한 희생과 민주화를 향한 연세인의 열망은 국민 전체의 뜻에 부응하여 새로운 시대를 여는 첫걸음이 되었다. 학교는 이한열이 쓰러진 곳에 표식물을 설치하고, 기념 조형물을 백양로 중앙의 오른편에 조성하였다.

이한열 기념물 아래편 백양로 길섶에는 노수석의 기념 조형물도 있다. 그는 법학과 재학 중 1996년 3월, 민주화 시위 중에 경찰의 강경 진압으로 사망하였다. 1999년에 명예졸업하였고, 2003년에 민주화운동 관련자로 인정되었다.

이한열 동산(1987년 6월 9일에 쓰러져 7월 5일에 사망)

20

연세가 간직한 문화유산

우리 대학에는 민족이 역사적으로 남긴 문화유산과 연세 관련 기록을 보존하고 있다. 앞서 본 언더우드 동상 권역과 세 건물(스팀슨관, 언더우드관, 아펜젤러관)은 국가 사적으로 지정되어 있고, 핀슨관과 언더우드(원한경) 가옥은 국가등록문화유산이다. 그 외 전적과 문서 등은 관련 기관에 소장되어 보존되고 있다. 학술문화처 산하의 도서관, 박물관, 기록관 그리고 의과대학 동은의학박물관이 이를 담당하고 있다.* 이런 문화유산은 잘 보존하여, 미래의 연세인과 후손들에게 물려주어야 한다.

* 각 대학이나 기관(문과, 이과, 치과, 간호, 세브란스 병원 등) 별도로 역사 전시실을 통해 보존하고 있다.

최초의 대학 도서관과 국학자료실

연세 도서관은 한국 최초의 대학 도서관이다. 1915년 조선크리스천컬리지 시절부터 도서관을 설치하였다. 설립자 언더우드가 기증한 책 230권이 그 출발이었다. 1957년에 도

중앙도서관 현판

서관 건물로 용재관을 세웠고, 1979년 '중앙도서관'을 준공하였다. 2008년에는 연세·삼성학술정보관을 개관하여 최고의 대학 도서관으로 발전하고 있다.

도서관에는 후손들에게 물려주어야 할 귀중한 고문헌이 즐비하다. 이런 자료를 관리하는 국학자료실은 국학연구에 중요한 역할을 하는 기관으로 자리잡고 있다. 귀중본을 소장하게 된 것은 많은 사람의 기부와 노력으로 가능하였다. 1930년대부터 여러분이 가치 있는 자료들을 기증하였다. 현재 도서관에는 언더우드, 에비슨, 윤치호, 양주삼을 비롯한 여러 교수와 저명 인물 등이 기증한 도서들의 문고가 설치되었다. 한 예로 곡성의 대지주 정봉태(丁鳳泰)는 연전과는 아무런 인연이 없었음에도 7대에 걸쳐 수집한 한적 9,058책을 기증하였다(묵용실문고). 자연과학을 공부한 이원철, 장기원도 한적을 기증하였다. 특히 수학자였던 장기원이 기증한 책 중에는 한국의 전통 수학에 관한 서적도 다수 포함되어 있다. 그 외에도 연전 출신인 이은상(李殷相 1903~1982)의 기증 도서 중에는 여성 시문, 악부(樂府) 등 희귀하면서도 의미 있는 자료들이 많이 있다. 또한 총장이었던 백낙준이 기증한 용재문고도 마련되어 있다.

위당 정인보의 가장(家藏) 고서의 기증은 우리에게 잔잔한 여운을 남겨주고 있다. 그의 집안은 조선 후기를 대표하는 명문가였다. 그러나 정인보는 4대에 걸쳐 내려온 책을 한 집안의 가보로 전하는 것보다 후학들이 모두 공유하도록 하는 것이 더욱 가치 있을 것으로 생각하였다. 기증한 책 중 한 권의 첫 장에는 기증하게 된 사연을 친필로 다음과 같이 적었다.

> "책이 가묘에 보관된 지 4대가 되었는데, 이제는 학문을 계승하는 선비들에게 주려 한다. 공의 책이 어찌 한 집안만이 숭상할 것이겠는가? 사적으로 돌아보면 절로 마음 아픈 구석이 있다. 그러나 동호인들에게 돌아가는 것이 위로가 될 만하다. 그 연유를 듣고 유래를 적어 참고하게 하고자 한다."

이러한 뜻에 따라 정원용(1783~1873), 정기세(1814~1884), 정범조(1833~1898) 등 3대 192년에 걸친 일기와 문집을 기증하였다. 이는 모두 초고본이어서 다른 곳에서는 찾아볼 수 없는 귀중한 자료이다. 또한 정인보의 아들 정양모(鄭良謨, 전 국립박물관장)는 선친이 보던 책 3,257권을 2003년에 다시 기증하여, 연세를 사랑하던 아버지의 뜻을 이어받았다. 국학자료실에는 이와 아울러 정약용, 홍대용 등 실학자들의 필사본 저술도 소장하고 있다.

도서관에는 유네스코 세계기록유산으로 등재된 문헌 2건, 곧 국채보상운동 기록물 378건(총 2,475건), 동학농민혁명 기록물 3건(총 185건)이 있다. 보물로 지정된 고전적은 8건으로 고려 초조대장경(初雕大藏經), 월인석보, 조선왕조의궤, 고려사 등이 있다. 국가등록문화재로는 제중원의 1차년도 보고서를 비롯하여 근대 시기의 신문, 잡지(독립신문, 협성회회보, 매일신문, 임정 독립신문, 친목회 회보, 과학조선), 기독교 관련 자료(찬양가, 예수성교전서, 천로역정), 그리고 윤동주 친필 원고 등이 있다.

이러한 귀중한 문헌은 연전 시절부터 여러 사람의 기증에 의해서 구성되었다. 특히 고문헌을 수집하고 소개, 연구한 작업은 도서관장을 지낸 바 있던 사학과 교수 민영규의 노력이 있었다. 그는 도서관학과를 만들어 관련 인재를 양성하였으며, 또한 자신이 연구하던 불교 관련 고문헌을 기증하였다.

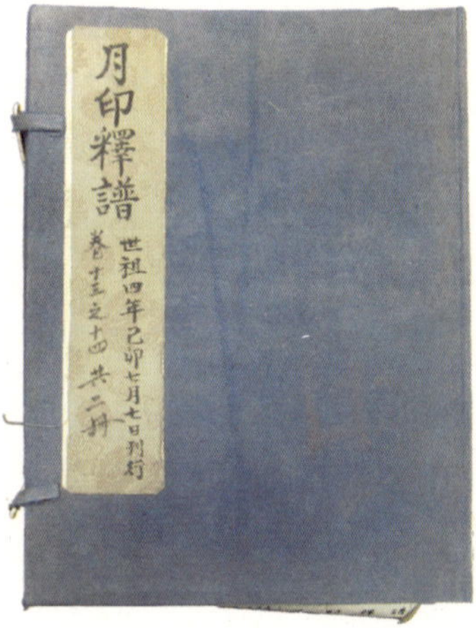

월인석보(보물)

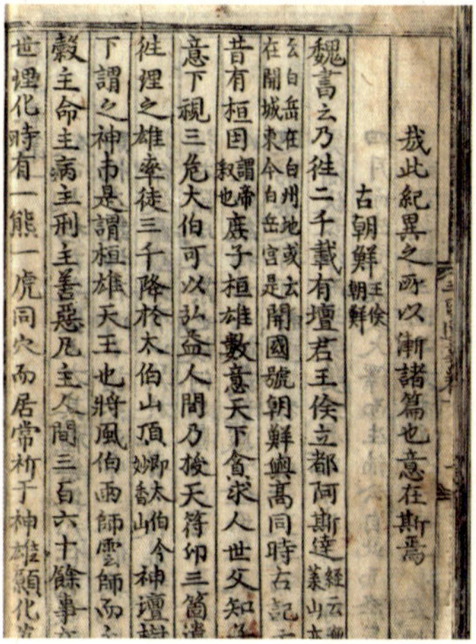

삼국유사(국보)

최초의 대학 박물관

박물관 표지석

우리 대학의 박물관 역시 한국 최초의 대학 박물관이다. 박물관이 처음 마련된 것은 연희전문학교 시절인 1928년이었다. 당시 신문에도 "한 학교로서 조선의 고대 유물을 수집하여 박물관을 설치케 된 것은 (…) 처음 되는 뜻깊은 계획이라"(『조선일보』, 1929. 1. 12)라고 하였다.

박물관 개관 당시 알렌과 러들로, 정인보 등 학교 안팎에서 여러 사람이 기꺼이 자신의 소장품을 기증하였다. 초기의 박물관 소장품으로는 돌도끼, 돌촉 같은 선사 유물, 활, 화살, 칼, 창 같은 고대 무기, 복식, 고려자기 등이었다. 이후로도 사회 유지와 학교 관계자들의 기증이 끊이지 않고 이어졌는데, 1937년 당시 파악되고 있는 미술 공예품 870점, 고려 및 조선시대 전폐(錢幣) 2,173점의 소장품은 모두 이러한 기증으로 마련된 것이었다. 기증된 유물에는 남궁억이 기부한 화폐들과 우리나라 최초의 비행사 안창남(安昌男)이 탑승했던 비행기 등이 있었다.

1965년, 우리 박물관은 새로운 전기를 맞았다. 우리나라 최초의 구석기 유적(공주 석장리)을 발굴하는 역사적인 작업을 박물관이 담당하게 되었다. 이 발굴은 1964년부터 10여 년에 걸쳐 진행하였고, 한반도의 구석기 문화 유적을 최초로 밝힌 쾌거였다. 이를 계기로 1965년 3월 15일, 언더우드관(당시 학관) 208호에 국내 유일의 구석기 유물 중심의 박물관을 다시 열었다. 이후에도 지속적인 발굴과 연구 아래, 우리 박물관은 한국 고고학계에 '연세학파'를 형성할 만큼 한국선사문화 연구의 주축 기관으로 자리 잡게 되었다.

박물관에는 선사 유물 외에도 문화적, 역사적으로 가치가 있는 유산이 많다. 연세 선사학을 세운 손보기(孫寶基, 1927~2010) 교수는 오랫동안 박물관장을 역임하였고, 또한 그가 소장했던 조선초기본 『삼국유사』 1책(왕력, 권1~2)을 기증하였다. 현재 국보로 지정되어 있고, 2022년에는 유네스코 세계기록유산 아시아·태평양 지역 목록에 등재되었다.

그 외 박물관 소장 유물 가운데 보물로 지정된 봉업사명청동북, 김이안 초상, 임장 초상 등이 있다. 역사적으로 가치가 있는 근대유물로, 윤영선이 기증한 윤치호(후에 연전 제4대 교장을 지냄)의 대한제국 시기의 신식 관복, 윤치호가 회장으로 활동하던 독립협회의 직인(大韓國獨立

協會之章, 국가등록문화재) 등이 있다. 이 직인은 회양목으로 한가운데 태극무늬가 음·양각으로 새겨져 있고, 글씨는 양각으로 새겼다. 독립협회 운동이 지닌 역사적 의의만큼 이 유물의 가치도 매우 높다. 1961년에 한만춘(1921~1984, 전기공학) 교수가 제작한 진공관식 연세 101 아날로그 전자계산기도 국가등록문화유산으로 지정되어 있다.

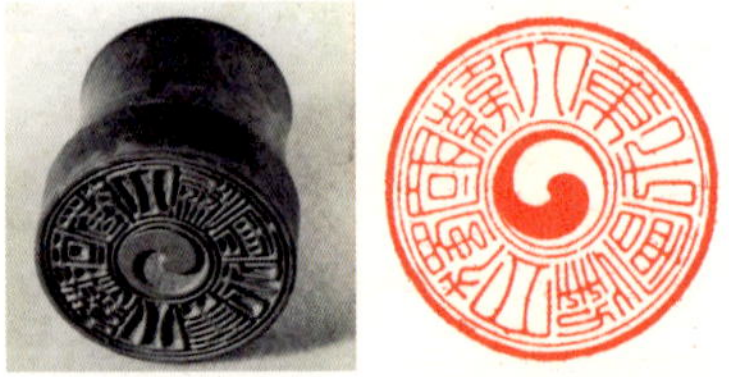

대한국독립협회지장

이와 함께 서울시 유형문화재로는 조선말 서양 선교사들이 사용한 한글본 수선전도와 영조 19년(1743)의 대사례도(大射禮圖), 1901년 7월 고종황제의 오순(五旬)을 기념한 잔치를 그린 신축진연도병 등도 있다. 우리나라 근현대 화단을 이끈 여러 화가의 작품들도 소중하게 간직하고 있다. 특히 청전 이상범(李象範)이 1959년 본교의 대강당 준공기념으로 기증한 춘추경산수(春秋景山水) 대작 2점도 우리가 미래의 연세에 물려주어야 할 소중한 유산이다.

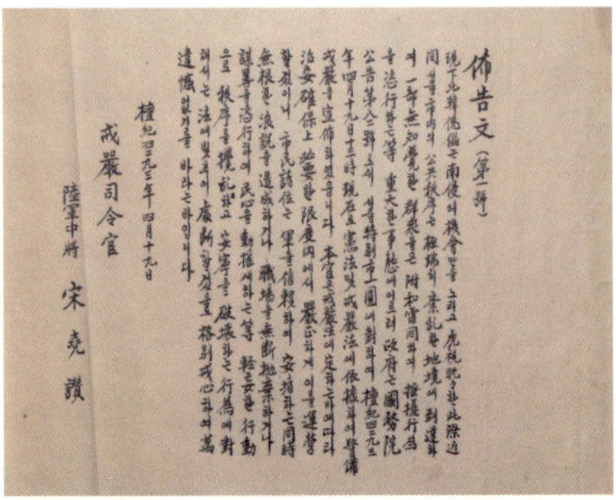

佈告文 (第一號)

檀紀四二九三年 四月 十九日

戒嚴司令官

陸軍中將 宋堯讚

계엄사령부 포고문

연세기록관의 4·19혁명 기록물

우리 대학에 관한 역사 및 행정 기록물을 담당하는 기록관에도 많은 귀중한 기록물을 소장하고 있다. 특히 4.19혁명 참여자 조사기록 195점과 계엄사령부 포고문 20점은 국가등록문화유산으로도 지정되었다(2020). 4.19혁명 기록물 총 1,019점이 유네스코의 기록유산으로 등재되었는데(2023), 이 가운데 570여 점이 본교가 소장한 자료이다. 이 귀중한 자료는 정외과 교수 김달중, 안병준이 대학 4학년이었던 1960년 4.19 당시, "격변의 상황을 기록 자료로 남겨야 한다"는 사명감을 느끼고 '4월혁명연구반' 이라는 이름으로 전국 각지를 돌며 시위 참가자, 목격자, 부상자 등 186명을 직접 접촉하여 작성한 면담조사록과 계엄사령부 포고문, 시위대 플래카드와 완장, 사진 등을 수집한 자료이다.

의과대학 동은의학박물관

동은의학박물관에는 제중원의 역사와 여러 유물이 국가등록문화유산으로 지정되어 있다. 특히 알렌의 진료 활동과 관련하여 진단서, 검안경(檢眼鏡), 수술 장면을 담은 유리건판 필름, 알렌이 받은 훈장(태극대수장)이 있다. 또 에비슨이 고종으로부터 받은 족자도 눈에 띈다. 그 외 독일 출신으로 대한제국 황제의 어의(御醫)인 분쉬(Richard Wunsch)가 사용하던 외과 도구(금속제 핀셋, 가위, 칼, 바늘 등)와 이를 담은 목제함, 3·1운동 후 일제의 만행을 세계에 호소한 기독교인들의 문건 등도 그 가치를 인정받고 있다. 조각가 김복진이 제작한 러들로 교수의 흉판도 학교 역사의 한 장면이다.

고종이 하사한 족자(약을 잘 쓰는게 요임금 때의 무함과 같다)

편찬후기

역사란 과거를 반추하여 현재를 살핌으로써 우리가 앞으로 나아가는 출발점이 됩니다. 특히 학교의 역사란, 과거에 선배들이 현재와 같은 공간에서 차곡차곡 이뤄낸 성취를 배우며, 학교의 창립 정신을 되새기는 훌륭한 계기가 됩니다. 그 중에서도 한국의 근현대사를 이끌어 온 연세 역사는 우리 연세인은 물론 일반 독자에게도 과거와 유익한 만남이 되리라 자부합니다.

대학 본부에서 연세인과 일반인 모두를 위한 연세 역사책을 간행하자는 논의가 있자, 학술문화처에서 편찬의 책임을 맡겠다 자임하고 나섰습니다. 연세 역사를 많은 사람들이 알기를 바라는 마음 뿐 아니라, 개인적인 경험과 부서 기관장으로서의 책임이 작용하였기 때문입니다.

우리 대학에 처음 부임했을 때, 신임교수 오리엔테이션에서 연세 역사 강의를 들은 바 있습니다. 연세 교정에서 학창 시절을 보냈음에도 전혀 몰랐던 역사적 사실들과 선배들의 위대한 업적을 알게 돼 감격한 기억이 있습니다. 그 경험이 이 책의 편찬을 자임한 개인적인 계기가 되었습니다.

더 큰 계기는 이 책의 편찬이 학술문화처의 특성을 살릴 수 있는 좋은 기회라는 점이었습니다. 앞서 비슷한 종류의 역사책을 펴낸 몇 기관에게는 일면 송구한 일입니다. 그러나 2년 전 학술문화처가 새로 설립되고, 그 안에 연세의 역사를 펴낼 여러 기관이 일하고 있습니다. 그동안 박물관과 기록관이 학교사 관련 업무를 담당하여 왔고, 도서관의 국학자료실도 연세 역사 관련 문헌을 소장하고 있으며, 출판문화원은 이 결과물을 직접 출간할 수 있습니다.

이 책의 편찬 작업을 위해 먼저 김도형 교수님(사학과, 박물관장 역임)과 협의하였습니다. 김교수님은 위에 말한, 신임 교수 오리엔테이션에서 연세 역사를 강의하였으며, 학교를 정년 퇴임한 이후에도 연세 역사 편찬에 필요한 여러 자료를 정리하여 펴내셨습니다. 이후 학술문화처 안에 한시적인 편찬위원회를 조직했습니다. 김교수님을 포함하여 의과대학 의사학과 여인석 교수, 연세학연구소의 정운형 박사, 기록관리팀의 이은경 팀장, 학예문화팀의 윤현진 팀장 등으로 구성하고, 집필에서 교정, 윤문, 사진, 실무 등의 업무를 분장하였습니다. 편찬위원회에서는 가장 먼저 책의 체제와 내용부터 논의하였습니다. 이전에 발간된 책 보나 간략하면서도 재미있게 만들지는 데 의견을 모았습니다. 그래서 모두 20개의 소주제를 '이야기'라는 관점에서 정리하고, 제1부는 문헌을 통해 만나는 역사를 주제로, 제2부는 학교 교정의 건물, 장소 등을 소재로 하기로 하였습니다. 연세 정신이 잘 드러나고 연세인이 공감할 수 있도록 하는 것이 가장 큰 목표였습니다.

이렇게 짧은 시간 안에 책을 펴낼 수 있었던 것은 집필하신 김도형, 여인석 교수 이하 편찬위원과, 깔끔한 책으로 마무리한 출판문화원 관계자의 노고가 있기에 가능했습니다. 이 모든 분에게 고마움을 전합니다.

편찬위원회에서 다짐했던 목표를 다 이루었다고 할 수는 없겠지만, 이 책이 독자로 하여금 연세의 창립정신을 음미하고 이를 실천하는 계기가 되기를 바랄 뿐입니다.

남 혜 현 (학술문화처장)

집필의 변(辯)

학교 박물관장 재직 시절에 나는 동료 교수와 더불어 연세학풍사업단을 만들어 활동하면서, 『내일을 걷는 연세 역사』(2013)라는 책자를 만든 적이 있습니다. 한국근현대사 속에서 연세 역사가 가지는 의미를 좀 쉽게 펴내서, 일반인이나 연세인이 읽기를 바라는 마음이었습니다. 이 책은 총장이 바뀔 때마다 부분적으로 보완, 개정하면서 3차례 간행하였는데, 내가 박물관장을 지낸 후에 국학연구원장 겸 연세학풍연구소장으로 이 작업을 책임졌기에, 따라서 편자도 바뀌게 되었습니다.

세 차례의 간행에서 역대 총장이 학교 역사를 귀하게 여김에 기뻐하면서도, 학교 역사를 편찬하는 공식 기관이 없는 점이나, 책의 체제나 내용은 크게 손 보지 못한 채 10년 동안 사용한 점이 못내 아쉽기도 하였습니다. 하지만 나도 학교를 떠나 외부 기관(동북아역사재단)에서 근무하게 되었고, 그런 가운데 정년 퇴직하였기에 이런 아쉬움 조차 외면할 수밖에 없었습니다.

그러던 차에 새로 취임한 윤동섭 총장과 손영종, 김용호 부총장이 연세 역사 관련 책을 간행하자는 과제를 주었습니다. 더욱이 손 부총장은 나와 더불어 '연세학풍사업'을 같이하여 학교 역사의 중요성을 누구보다 깊이 이해한 분입니다. 이에 비록 퇴임한 처지이지만 기쁜 마음으로 참여하게 되었습니다.

이 책의 집필 방향과 소주제 선정은 편찬위원회에서 논의하였지만, 구체적인 내용을 서술하는 데는 다음과 같은 점을 고려하였습니다.

첫째, 지난 10년 동안에 제법 많은 학교사 관련 책들이 간행되었기에 이를 반영하고자 하였습니다. 몇몇 단과대학(문과, 상경, 이공학, 신학)이 100년사를 발간하였고, 연세학풍연구소(연세학연구소)에서 '연세역사연구총서', '연세역사자료총서'를 꾸준히 펴냈으며, 의과대학 의사학연구소에서도 총서를 간행하였습니다. 본인도 『민족문화와 대학-연희전문학교의 학풍과 학문』(혜안, 2018)을 상재(上梓)한 바 있기에, 기존의 『내일을 걷는 연세 역사』의 내용을 채용하면서, 더불어 최근 약 10년 동안에 축적된 연구 성과를 반영하였습니다.

둘째, 내용 가운데 중점을 둔 것은 연세의 창립 이념과 학풍에 관한 것입니다. 20년 전, 나는 1930년대 초반의 연희전문학교에서 「교육방침」으로 정립한 '동서고근 사상의 화충(和衷)'을 다시 발견하고, 이를 교직원수양회(2005)에서 '오늘의 연세가 계승해야 할 학풍'이라고 발표하였습니다(「한국근현대 민족문제와 연세」). 그리고 '연세'로 통합할 즈음 천명했던 '통재(通才) 교육'에서 학문 간의 융합을 꾀하였다고 하였습니다. 이후 교내에서 '동서 화충'의 연세 학풍을 자연스럽게 거론하였고, 최근 학교에서도 이런 점들을 강조하고 있습니다. 이에 창립 정신과 '진리와 자유', 연세 학풍 등에 많은 지면을 할애하였습니다.

이 책의 간행에는 많은 분들이 수고를 아끼지 않았습니다. 제중원, 세브란스에 관한 글은 의과대 여인석 교수가 맡았고, 교정과 윤문, 사진 선정 작업 등은 정운형 박사, 이은경 팀장, 윤현진 팀장과 연세학연구소 윤백란 박사가 수고하였습니다. 특히 박물관 팀장 윤현진 학예사는 간행 과정의 귀찮은 모든일을 도맡아 애를 썼습니다. 이런 분들의 큰 역할이 있었음에도 '필자의 변'을 내 이름으로 쓴 것은, 내가 그 분들에 비해 나이가 더 많고, 이 책의 편찬 의도뿐 아니라 대부분의 내용을 직접 썼던 점에서 이를 양해해 준 것으로 생각합니다. 더불어 학술문화처 남혜현 처장을 비롯한 실무진, 출판문화원 담당자 등, 여러 면으로 도와주신 분들에게도 고마움을 전합니다.

김 도 형 (전 사학과 교수, 전 동북아역사재단 이사장)

색인

ㅇ